光明社科文库
GUANGMING DAILY PRESS:
A SOCIAL SCIENCE SERIES

·法律与社会书系·

劳动仲裁时效制度研究

郑修竹 ｜ 著

光明日报出版社

图书在版编目（CIP）数据

劳动仲裁时效制度研究 / 郑修竹著 . -- 北京：光
明日报出版社，2024.7. -- ISBN 978-7-5194-8087-5

Ⅰ.D925.04

中国国家版本馆 CIP 数据核字第 20247RZ708 号

劳动仲裁时效制度研究
LAODONG ZHONGCAI SHIXIAO ZHIDU YANJIU

著　　者：郑修竹

责任编辑：王　娟　　　　　　责任校对：许　怡　温美静
封面设计：中联华文　　　　　　责任印制：曹　净

出版发行：光明日报出版社
地　　址：北京市西城区永安路 106 号，100050
电　　话：010-63169890（咨询），010-63131930（邮购）
传　　真：010-63131930
网　　址：http://book.gmw.cn
E - mail：gmrbcbs@gmw.cn
法律顾问：北京市兰台律师事务所龚柳方律师

印　　刷：三河市华东印刷有限公司
装　　订：三河市华东印刷有限公司
本书如有破损、缺页、装订错误，请与本社联系调换，电话：010-63131930

开　　本：170mm × 240mm
字　　数：191 千字　　　　　　印　　张：12.5
版　　次：2024 年 7 月第 1 版　　印　　次：2024 年 7 月第 1 次印刷
书　　号：ISBN 978-7-5194-8087-5

定　　价：85.00 元

序

郑修竹博士的学位论文《劳动仲裁时效制度研究》即将付梓出版，作为其博士生导师，我十分高兴并欣然答应为其写序的请求。这篇博士学位论文的形成，源于一次师生就劳动仲裁过程中存在的一些时效适用困惑和疑难问题的探讨。当时我的本意是希望其就劳动仲裁时效规则适用问题写一篇小论文，结果其提交的却是一篇《劳动仲裁时效制度"应对式"立法思维审思》的文章。这篇文章要回答的问题是，为什么我国劳动仲裁时效制度在立法过程中会出现反复的摆荡，写作目的是对其中的立法思维进行反思和检讨。就这篇论文的内容和框架而言，能够从实践困惑上升到理论探讨，达到"小题大做"的理想进路和写作模式，较为契合一篇博士学位论文写作的特点和要求，遂建议其以"劳动仲裁时效制度"作为博士学位论文选题和研究内容。

客观而言，我国劳动法的研究往往以实体法为重心，无论是传统的劳动权研究，还是近些年新经济新业态影响下对新用工方式的劳动法调整等形成的前沿和热点之关注和探讨，皆有此特点。相较之下，对于劳动程序法的研究就略显薄弱。究其原因，可能主要有两点：一是劳动程序的大部分内容遵循和适用的是民事诉讼程序规则，这似乎属于另外一个部门法研究的范围；二是出于仲裁前置的原因，程序法在实务中实施的困难更体现为仲裁和诉讼的衔接问题，这些问题虽然体现在多个方面，但无论在论题提炼上还是在形成系统性研究上，困难都较大。劳动仲裁时效制度亦是如此，作为一项具有浓厚中国特色的劳动法和程序法制度，兼有仲裁、行政和司法三重属性，其制度内容在理论和实践上一直存在诸多争论，既有成果多为针对具体问题进行的实务性、应对性研究。郑修竹博士的学位论文及其修改完善而成的本书稿能够选择程序法制度中的劳动仲裁时效作为系统深入研究的对象，本身就值得鼓励和肯定。

如本书作者所言："作为一种以时间限制权利的制度，时效在具体内容设计上的合理性判定本就十分困难。""因特定时间经过导致权利人权利丧失的制度，其难以与人们一般理解的道德观念和自然正义观念相契合，因此从其诞生之日至今一直受到正当性的质疑。"时效制度本身就是古老而困难的命题，而劳动仲裁时效制度的研究当然也无法回避其正当性问题。为了建立这一研究的基础，作者进行了可贵的探索和努力，对民事时效和劳动仲裁时效制度进行了比较分析，在研究共性的基础上，深挖劳动仲裁时效制度的特性。结合劳动法的基本精神，对制度正当性的法律基础进行了层层推演。依据生存尊严的理念基石、和谐劳动关系的制度支撑、实质平等的价值追求、劳动者仲裁可行能力的评判，提出劳动仲裁时效制度要形成从"平等的自由"到"自由的平等"的法理转向的创新性观点，这对于本书的精神融贯和观念自洽具有重要的理论支撑作用。

纵观本书，作者秉持法社会学的研究视角，选择以劳动仲裁时效制度的历史变迁及其历史背景为切入点，将法律制度生成与劳动政策分析相结合，立足中国实情研究本土问题，沿着立法思维、立法进路、法理基础到具体制度的推进脉络对研究对象进行了结构合理、逻辑严谨的系统化和全局性研究。在理论层面，提出了一系列个人观点和主张。具体而言，对于立法思维，提出要以"系统演进"的模式替代"应对式"的模式；对于立法进路，提出要破除"诉讼时效化"的立法趋势，以视角回归于"仲裁"、核心围绕于"准司法性"、机制诉诸"专有"的路径，达到劳动仲裁时效作为"消灭时效"名实相符的立法目标；对于法理基础，提出了从"平等的自由"到"自由的平等"的法律转向。在制度层面，结合正当性理论的研究结果对劳动仲裁时效制度的适用对象、期间和起算进行了制度构建，实现理论到立法的呼应。在实践层面，作者没有泛泛而谈，而是以问题为导向进行精准概括，对实然规则的解释适用具体明确。

总体而言，就劳动仲裁时效制度研究而言，无论是从法治参考、理论启发还是实务指导的角度，本书都不失为一本较为优秀和值得推荐之作。其对深化我国劳动法，特别是劳动程序法理论研究和促进我国劳动法治建设具有积极的启发和借鉴意义。

冯彦君

2023 年 7 月 17 日

目　录
CONTENTS

图　次

表　次

绪　论

第一节　问题的提出与意义

一、问题的提出

劳动仲裁时效是督促劳动争议的当事人在发生劳动争议后及时行使仲裁申请权，进而启动劳动争议仲裁程序的一个期限。我国现行的劳动争议解决制度采取仲裁前置的制度设计，当事人要启动劳动诉讼程序，必先经过仲裁程序。这与世界上绝大多数国家不同，因此构成了具有我国特色的劳动程序法设计。劳动仲裁时效制度作为启动劳动仲裁的重要法律设置，对纠纷当事人行使仲裁权利有着极其重要的影响，进而影响劳动诉讼权利的行使。因此，劳动仲裁时效制度如何设计的科学合理就成为一个有重要研究价值的课题。

我国对劳动仲裁时效的相关立法规定，经历了一个极其繁杂反复的发展历程。仅就仲裁时效的期间而言，法律规定就历经了从"60日"到"6个月"再到"60日"，直至2008年5月1日施行的《中华人民共和国劳动争议调解仲裁法》（以下简称劳动争议调解仲裁法）规定的"1年"。这种立法上的频繁变更和往复，为劳动争议的解决带来了实践上的争议和理论上的争鸣。即便在劳动争议调解仲裁法结合既往立法、学理和实践成果，将劳动仲裁时效制度进行了集大成的修改之后，新的问题也随之产生。大量的司法疑问催生了各地仲裁机关和法院纷纷以审理劳动争议案件的通知、会议纪要、指导意见、参考意见等地方司法文件的形式，对如何适用劳动仲裁时效制度提出了各自的意见和态度。这些地方司法文件一方面对本地区有关劳动仲裁时效如何适用提供了统一裁判的标准，另一方面也加剧了各地区之间适用的差异性。理解与适用的难度和差异性，说明劳动仲裁时效制度有进一步研究的必要性。同时，因劳动争议案件在进入诉讼程序时由人民法院的民事审判庭受理，也涉及劳动仲裁时效与民事诉讼时效衔接的问题。2017年通过的《中华人民共和国民法总则》（以下简称民法总则）中对民事诉讼时效的规定做了大幅度的调整，"将民法通则规定的二年一般诉讼时效期间延长为三年，以适应社会生活中新的情况不断出现，交易方式与类型不断创新，权利义务关系更趋复杂的现实情况与司法实践需求，有利于建设诚信社会，更好地保护债权人合法权益"[①]。这一变化也带来对劳动仲裁时效制度进行回顾和反思的契机。

二、研究的意义

（一）研究的实践意义

研究我国劳动仲裁时效制度在社会经济发展层面具有积极意义。在开启全面建设社会主义现代化国家新征程中，推进供给侧结构性改革是整体规划的重要脉络，改革呼唤对资源要素的优化配置，需要从要素驱动转向创新驱动。而实现创新驱动，首先就需要重视尊重人才。如何实现人的全面发展、人力资本的有效积累、劳动力素质的提高就成为这一时期应解之题。从法学的角度回应时代的需要，需要明确的是，良好的劳动关系是提高生产力的重要保障，是促进经济发展和社会和谐的有效助推剂。当劳动者和用人单位之间发生劳动争议时，需要提供公正高效的纠纷解决机制。在多元劳动争议解决方式中，劳动仲裁是劳动诉讼的强制性前置程序，而仲裁时效制度又是劳动争议进入实体裁决的前置性制度，其制度设计的合理性与否，关系到劳动争议处理机制能否充分运转、当事人合法权益能否得到切实保护、和谐劳动关系能否有效构建，最终也将影响资本和劳动力的优化配置和社会创新能力的有效提升。

---

① 李适时.民法总则是确立并完善民事基本制度的基本法律［J］.中国人大，2017（7）：17.

（二）研究的理论意义

对我国劳动仲裁时效制度进行研究，在法学研究领域具有三个层面的价值。

一、有助于探究研究基础。基于对劳动仲裁时效的问题意识，可以展开深入的学理性追究。劳动仲裁是一项极具中国特色的劳动争议解决制度，其融合了仲裁、行政和司法的多重色彩。这种制度色彩是如何形成的，又该如何厘清成为劳动仲裁时效研究的入口。结合我国劳动争议的本土化需求，就劳动仲裁时效制度应该如何定位，努力形成对劳动仲裁时效的法律性质、法律价值、制度功能等方面的理论建构。

二、解决实践问题。以尝试建构的理论基础为指导，以法社会学的视角结合实证的研究方法，就我国现行劳动仲裁时效制度所带来的纠纷解决乏力和司法裁判冲突等现实问题进行系统化和有针对性的梳理，剖析这些问题的成因，形成系统化的解决对策。

三、探索理论创新。法学研究不能仅以解释现行法律制度和机制理顺为研究目的，也需要建设性的探索和创新。为此，笔者也试图结合劳动仲裁时效制度前沿理论与中国本土的经验事实，提炼对劳动仲裁时效制度富有解释力的新理论。

第二节　研究综述

时效制度是连接实体法与程序法的核心制度，其决定了实体权利得到程序法保护的时限条件。我国现行劳动争议解决机制采取仲裁前置的制度设计，当事人想要通过诉讼程序保护自身的实体权利，必先经过仲裁程序，因此原本在诉讼程序中存在的时效制度也相应地被提到了仲裁程序中来，产生了极具中国特色的劳动仲裁时效制度。从制度发展的角度检视，相关立法经历了极其复杂反复的发展历程，为劳动争议的司法解决带来了实践上的争议和理论上的争鸣，催生了本土化研究的必要性。以劳动仲裁时效为检索词，通过吉林大学中文学术资源发现平台检索,可以看出劳动仲裁时效制度与图 1 中显示的众多实体性和程序性关键词密切关联。基于以上原因,劳动仲裁时效制度应该成为劳动程序法中研究的重要问题。

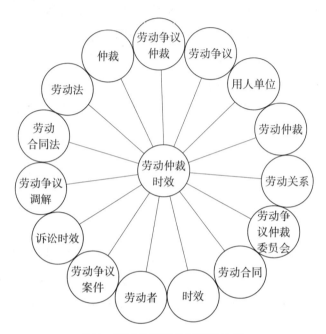

图 1　劳动仲裁时效关联关键词

　　程序法所具有的司法实践性决定了劳动仲裁时效制度的研究与劳动立法变化的紧密关联性。通过吉林大学中文学术资源发现平台检索"劳动仲裁时效",得到核心期刊发表的相关论文 60 篇,从这 60 篇核心期刊上发表的论文形成的期刊学术发展曲线(如图 2 所示),可以看出有关劳动仲裁时效制度的研究可以以劳动争议调解仲裁法三审草案通过为界限,划分为 2007 年之前和 2007 年之后两个阶段。在 2007 年之前,尤其是在劳动争议调解仲裁法草案历时两年多,经过三审的过程中,研究数量出现了较快增长。2007 年三审草案通过之后,对劳动仲裁时效新制度的研究在一段时间内仍保持了相当程度的热度。然而在劳动争议调解仲裁法结合既往立法、学理和实践成果,将劳动仲裁时效制度进行了集大成的修改之后,新的问题也随之产生。大量的司法疑问也催生了各地仲裁机关和法院纷纷以审理劳动争议案件的通知、会议纪要、指导意见、参考意见等地方司法文件的形式，对如何适用劳动仲裁时效制度提出了看法。这些地方司法文件一方面对本地区有关劳动仲裁时效如何适用提供了统一裁判的标准，另一方面也加剧了各地区之间适用的差异性。这些理解与适用的难度和差异性，说明劳动仲裁时效制度仍有进一步研究的必要性。

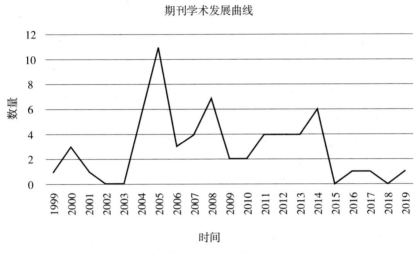

期刊学术发展曲线

图2　劳动仲裁时效期刊学术发展曲线

基于上述的立法历程与文献情况，本文将以2007年作为劳动仲裁时效研究情况梳理的分界点，希望通过对两个时期研究焦点的归纳整理和分析提炼，展示学界研究的发展脉络、理论观点以及偏好，为劳动仲裁时效制度的进一步研究提供可能的方向和思路。

一、2007年以前的研究情况

2007年之前，劳动仲裁时效制度的立法情况呈现如下几个特点：一、制度内容多变，导致制度适用的反复。主要表现在仲裁时效起算点历经了"争议发生之日起"——"知道或者应当知道其权利被侵害之日起"——"争议发生之日起"的变化；仲裁时效适用情形由类别化规定向一致性规定的变化；

劳动仲裁时效的期间也经历了"60日"——"六个月"——"60日"的变化。二、立法对申请仲裁的期间性质并无明确。除了1993年的《中华人民共和国企业劳动争议处理条例》(以下简称企业劳动争议处理条例)明确提出了"仲裁时效"的字样,其他在其前后的法律规范并没有明确界定为仲裁时效。这导致对申请仲裁的期间认识上的差异,更重要的是由于时效属性不明确,也无法在申请仲裁期间十分短暂的情况下设置中止中断的情形,给劳动争议当事人保护自身权益带来了很大的障碍。三、法律语言表述不清,法律规范层级复杂,具体规则存在不一致的情况,给实践带来较多争议。以劳动仲裁时效的起算点为例,1993年实施的企业劳动争议处理条例规定"当事人应当从知道或者应当知道其权利被侵害之日起六个月内,以书面形式向仲裁委员会申请仲裁"。然而对什么是"知道或应当知道其权利被侵害之日",在实践中认识不一。于是原劳动部办公厅以复函的形式进行解释,认为就是"劳动争议发生之日"。而后1995年的《中华人民共和国劳动法》(以下简称劳动法)将劳动仲裁时效的起算点规定为"劳动争议发生之日",但是由于劳动争议类型的多样化以及劳动争议发生的举证责任分配存在不明晰不合理的情况,实践中仍存在着不同的理解。这些争议通过2006年的《最高人民法院关于审理劳动争议案件适用法律若干问题的解释(二)》的规定才在一定程度上予以平息。

这一时期的立法情况和实践争议决定了学者们对劳动争议仲裁时效的研究及其争鸣聚焦于以下几个方面:

一、对劳动仲裁申诉期间的性质认识不一。劳动仲裁申诉期间的性质存在着属于消灭时效抑或除斥期间的争论。这种争论的出现主要是由于相关法律规范有的使用"仲裁时效",有的则使用"仲裁期限"的用语导致的。这种语词的差异使劳动仲裁申诉期间在法律上产生了不同的性质和效力,基于立法目的和实践需求的考量,不同学者从语义分析的角度就劳动仲裁申诉期间的性质属于消灭时效抑或除斥期间,发表了不同见解。[①] 另外也有学者从实证的角度认为按照各国的劳动立法经验,劳动仲裁大多是针对雇佣双方团体交

---

① 吴孝文.关于劳动争议仲裁时效的几个问题[J].中国劳动,2002(12):50.
　　王永起.论劳动争议仲裁申请时效的性质和效力[J].政法论丛,2001(6):53-54.

涉中的调整事项的争议，而我们国家劳动仲裁基本上都是针对权利事项争议进行的。且劳动仲裁制度存在着以仲裁请求权替代诉权、以仲裁权替代审判权、劳动仲裁机构比照法院审理的现象，才使仲裁程序中出现了"时效"制度，因此虽然劳动仲裁申请期间客观存在，但决不能误用"时效"一词。①

二、普遍认为仲裁期间过短。劳动争议采取较短的时效期间，目的是促使权利人尽快主张权利，稳定劳动法律关系。我们也应当注意及时化解劳动争议的社会需求，不可片面强调权利保护的一致性，忽略劳动争议的"个性"特征以及劳动争议救济程序中应当体现的社会共同利益，对劳动争议的时效期间应当做专门规定。②但立法所规定的仲裁期间无论是60日还是6个月，对于劳动争议的解决来说都过于短暂，尤其是进入到诉讼阶段，与民事诉讼时效的期间相比显得更加不合理。

> 劳动争议案较之一般民事案件，具有需要及时处理的特点，因而有必要适用特殊诉讼时效期间，但应当以符合劳动法的宗旨、有利于劳动者权益保护为前提。尤其是工伤赔偿案件适用劳动争议仲裁时效，而与其相似的一般人身伤害赔偿案件，则适用民法通则规定1年的特殊诉讼时效，相较之下凸显了不公平性。③

三、对时效期间的起算点有争议。有关劳动争议仲裁时效的起算点的观点有三类。第一类观点认为应当以"劳动争议发生之日"为起算点。由于出现了将"劳动争议发生之日"等同于"知道或者应当知道其权利被侵害之日"的解释，很多学者提出了批评意见。认为由于劳动者处于弱势地位，即便知道自己权利被侵害，也可能不愿意或不敢于同用人单位争议，所以"劳动争

---

① 郑尚元．劳动争议处理程序之和谐：以"劳动仲裁时效"为例 [J]．法学家，2005（5）：28-29.

② 孙永全，叶世臣．论劳动争议仲裁申诉时效的特点及适用 [J]．人民司法，1999（7）：37.
　陈彬．论我国劳动争议处理制度的重构 [J]．现代法学，2005（6）：98.

③ 王全兴，吴文芳．《最高人民法院关于审理劳动争议案件适用法律若干问题的解释》的不足及其完善建议 [J]．法学，2002（10）：61.

议发生之日"不等同于"知道或者应当知道其权利被侵害之日"①。以用人单位拖欠工资为例，劳动者虽然知道该事实，但没有找用人单位索要工资，用人单位也没有明确拒绝支付工资，此时争议就没有发生。从此种情况来看，认为劳动法规定的"劳动争议发生之日"更为科学，对劳动者更为有利。②在这种观点之下，即便是以"知道或应当知道权利被侵害之日"作为起算点，也应引入"主观性标准"来进行评判，"只有到了双方真正发生争执，双方明确表示出不同意见，应履行义务一方明确表示不履行义务，且权利人明确知道权利已经受侵害时，方可开始计算仲裁时效期间"③。第二类观点认为应当以"知道或应当知道权利被侵害之日"作为起算点。"以当事人知道或应当知道权利被侵害之日起计算仲裁时效，是与民法通则关于诉讼时效的规定相一致的。民法通则在我国执行已有数年，其时效规定应属较完善和科学，作为劳动争议诉讼时效没有必要另行一套。"④第三类观点则认为应当区分不同情况分别对待。在一般情况下，劳动争议仲裁时效的起算日从"当事人知道或者应当知道其权利被侵害之日"开始计算，但在工伤争议、连续性侵权争议和有关社保争议等案件中采取特殊规定。⑤

四、认为劳动仲裁时效制度缺失中止、中断和延长的规定。这主要是认为劳动仲裁申请期限的性质属于消灭时效观点的学者所秉持的建议。认为在立法中应当参照民法关于诉讼时效的相关规定，对仲裁时效的中止、中断和延长做出明确规定，并对中止、中断和延长具体事由做出了一些探讨。⑥

五、关于裁审衔接的问题。主要表现为劳动争议案件当事人申诉期间超过劳动争议仲裁申诉时效、尚未超过民事诉讼时效，当事人的权利是否仍受民法保护，法院是否应该受理的问题。一种观点认为，劳动争议案件属于民

---

① 王全兴，吴文芳.《最高人民法院关于审理劳动争议案件适用法律若干问题的解释》的不足及其完善建议 [J]. 法学，2002(10)：60.

② 孙鸿宾. 劳动仲裁时效何时起算 [J]. 中国社会保障，2005(12)：76.

③ 李文娟，苏团. 论劳动争议案件审理程序衔接中若干实务问题 [J]. 中国劳动，2006(1)：22.

④ 徐智华. 劳动争议仲裁制度的缺陷与完善 [J]. 法学评论，2003(6)：149.

⑤ 索晓惠. 浅谈劳动争议的仲裁时效 [J]. 法学评论，2000(4)：153-154.

⑥ 徐智华. 劳动争议仲裁制度的缺陷与完善 [J]. 法学评论，2003(6)：150.
索晓惠. 浅谈劳动争议的仲裁时效 [J]. 法学评论，2000(4)：154.

事案件的一种，因此劳动法与民法属于特别法和一般法的关系，劳动仲裁时效属于民法通则第一百三十五条的规定中的"向人民法院请求保护民事权利的诉讼时效期间为2年，法律另有规定的除外"的特殊规定。因此，在涉及劳动争议案件的时效问题上，应适用劳动法的特别规定，而且如果认为当事人超过劳动争议仲裁时效而不超过民法通则2年诉讼时效仍受法律保护的话，既不符合劳动法的立法精神，也势必造成有关劳动争议案件的仲裁裁决和法院的判决结果截然相反。^①另一种观点认为，由于仲裁和诉讼的效力是独立的，法院审理劳动争议案件也不受仲裁结果的限制。为了更有效地保护劳动者的合法权益，仲裁和诉讼这两种程序应各自分别适用劳动法和民法的时效规定。因此，对确已超过仲裁申请期限，但未超过民事诉讼时效期间的，人民法院应当受理；对于超过民事诉讼时效期间的，人民法院依法驳回其诉讼请求。^②仲裁和诉讼两个程序衔接上存在的问题，是因为现行的劳动争议一裁两审体制，仲裁是诉讼的必经程序这一处理制度引起的，因此解决办法是要理顺劳动争议解决机制。^③

二、2007年以后的研究情况

2007年三审通过的劳动争议调解仲裁法作为法律层次的程序法规范，其效力层级较高，吸收了学者的大量前期研究成果，对劳动仲裁时效相关规定进行了制度上的统一和细化。一是明确了申请劳动仲裁期间的时效属性。二是将劳动争议申请仲裁的时效期间扩展为一年。三是将劳动争议仲裁时效的起算点统一为"知道或者应当知道其权利被侵害之日"。四是针对劳动报酬的争议规定了特殊仲裁时效。五是明确规定了仲裁时效期间可以中止和中断，并细化了相关事由的规定。另外对于之前提出的裁审衔接等问题，后续也通

---

① 孙永全，叶世臣.论劳动争议仲裁申诉时效的特点及适用 [J].人民司法，1999（7）：38-39.

② 高齐岳.对劳动争议处理时效制度的反思 [J].中国劳动，2003（5）：47.
赵万忠.劳动争议案件时效制度的法律思考 [J].湛江海洋大学学报，2005（2）：26.
王全兴，吴文芳.《最高人民法院关于审理劳动争议案件适用法律若干问题的解释》的不足及其完善建议 [J].法学，2002（10）：61.

③ 陈卿谋.试论劳动争议仲裁与诉讼的合理衔接 [J].中国劳动，2001（8）：10.
赵万忠.劳动争议案件时效制度的法律思考 [J].湛江海洋大学学报，2005（2）：26.

过司法解释的方式进行了一定程度上的明确，一方面人民法院应当受理当事人不服劳动争议仲裁委员以当事人的仲裁申请超过期限为由做出不予受理的书面裁决、决定或者通知的诉讼。另一方面在审查时，要按照仲裁时效制度的内容，而不是诉讼时效制度的内容进行审查，这在一定程度上赋予了人民法院对仲裁时效效力的最终审查权。这些立法上的推进虽未完全解决前期的学理质疑和实践难题，但在很大程度上完善了劳动仲裁时效制度。之后学界的研究主要聚焦于以下几个方面：

一、劳动仲裁时效适用的劳动争议类型。根据劳动争议调解仲裁法第二条适用范围的规定，劳动争议类型是十分广泛的，除了《最高人民法院关于审理劳动争议案件适用法律若干问题的解释（二）》第七条以列举形式明确的不属于劳动争议的类型外，几乎涵盖了劳动私法和劳动公法的方方面面。但是否所有的劳动争议都受仲裁时效的约束成为需要明确的问题。在民事诉讼时效的理论中，诉讼时效仅适用于请求权，而涉及确认劳动关系、劳动合同的解除与终止、除名与辞退等形成权的行使是否适用仲裁时效就存有疑问。有学者认为劳动争议调解仲裁法第二条中所规定的所有劳动争议都应适用仲裁时效的规定，其以劳动法与民法的法律规定的区别为基础进行阐释。如在以欺诈、胁迫的手段或乘人之危，使对方在违背真实意愿的情况下订立合同的情形中，若是民事合同，受损害一方可以行使的是撤销权，撤销权行使的期间为除斥期间，不发生中断与中止；若是劳动合同，则会导致劳动合同无效或部分无效，受损一方可以解除合同，确认劳动合同无效或解除劳动合同，应适用为期1年的仲裁时效，该期间可以中断、中止。[①]但是结合相关司法裁判文书可以发现，多数的劳动仲裁机构采纳此种观点，认为包括形成权在内的所有劳动争议类型都适用仲裁时效制度，而法院在审理相关劳动争议时，则更易遵循民事诉讼时效制度的认知，认为形成权不适用劳动争议仲裁时效，这种认知差别造成了不同劳动争议解决机制在裁判结果上的冲突。

二、劳动仲裁机构是否应该主动审查仲裁时效。2017年以前的《劳动人事争议仲裁办案规则》将是否超出劳动仲裁时效期间作为受理仲裁申请的审

---

① 刘力，玄玉宝.劳动仲裁时效的理解与适用［J］.人民司法，2010(17）：82–83.

查事项。对于这一规定，认可方认为主动审查时效可以快速解决纠纷稳定劳动关系，提高劳动仲裁的效率，节约执法成本，加强对怠于行使权利者的制裁和对债务人的保护。认为主动审查和释明仲裁时效能够减少债权人因债务人忽视时效抗辩权而侥幸胜出的概率，此种制度设置更多的是在关注程序价值，在劳动仲裁程序中主动审查和释明时效有其合理性。① 否定方则认为从民事案件适用诉讼时效制度的原理出发，仲裁机构当然不应该主动审查劳动仲裁时效。从维护申请人的申请权出发，由于大部分申请人是处于弱势地位的劳动者，如主动行使时效释明权，有可能因无法立案造成劳动者的权益得不到保障，偏离了劳动争议调解仲裁法赋予保护当事人合法权益，促进劳动关系和谐稳定的立法本意，因此也不宜主动审查仲裁时效。② 2017年修订后的《劳动人事争议仲裁办案规则》，将原来规定的符合仲裁委员会受案条件中的"在申请仲裁的法定时效期间内"的规定予以删除，但是实践中对于劳动仲裁委员会是否仍享有仲裁时效的主动审查权仍存在理论争议和实践差异。一种观点认为，《劳动人事争议仲裁办案规则》删除了"在申请仲裁的法定时效期间内"的规定，只是明确了仲裁机构不能再以"不在申请仲裁的法定时效期间内"为理由不予受理，并没有明确仲裁机构在审理案件时不能主动审查时效，直接以超过时效予以驳回。因此受理案件后，仲裁机构在审理案件时可以主动审查仲裁时效。③ 另一种观点认为，《劳动人事争议仲裁办案规则》删除了"在申请仲裁的法定时效期间内"的规定，也就删除了法律赋予仲裁机构对仲裁时效的释明权，仲裁机构在被申请人提出时效抗辩时可进行仲裁时效的审查。④

三、有关劳动报酬争议适用特殊仲裁时效的问题。劳动争议调解仲裁法中将拖欠劳动报酬作为特殊争议类型进行了时效上的特殊规定，劳动关系存续期间因拖欠劳动报酬发生争议的，劳动者申请仲裁不受1年仲裁时效期间的限制；但是劳动关系的终止，应当自劳动关系终止之日起1年内提出。

---

① 刘力，玄玉宝.劳动仲裁时效的理解与适用［J］.人民司法，2010（17）：83.

② 于欣翠，栾居沪.劳动仲裁机构是否可主动审查仲裁时效［J］.中国劳动，2014（4）：48.

③ 白宁.仲裁机构是否还具有仲裁时效的主动审查权［J］.劳动和社会保障法规政策专刊，2018（3）：37.

④ 陈丽.节约仲裁资源保持公正公平［J］.劳动和社会保障法规政策专刊，2018（3）：9.

这主要针对的是我国当前一些行业拖欠工资比较严重的情况而进行的特殊规定。虽然劳动法中存在着工资应当按月发放的相关规定，但要求劳动者在劳动关系存续期间，每月都要通过仲裁或者诉讼的手段讨要工资，不符合立法本意，也不符合人情伦理。因为考虑到劳动关系的社会伦理，劳动者对于用人单位由于经营困难等原因造成的一时不能及时发放工资，要有一个合理的容忍度，不应当每个月都要运用仲裁等强硬手段讨要工资，而且现阶段社会就业形势严峻，要求劳动者既要运用法律救济手段解决工资问题，又要保住"饭碗"，显然也不合情理，因此，对拖欠工资的时效保护要从宽。应该说，这一规定对于劳动者的权益维护是极为有力的，劳动者相对于用人单位的弱势地位得到了很好的矫正。[①]

但由于立法中使用了"劳动报酬"的字样，在实践中针对一些与"工资"相关的劳动争议是否属于劳动报酬的范围，引发了一定的争议。主要包括"二倍工资""带薪年休假工资"和"加班工资"。

"二倍工资"适用特殊仲裁时效的问题主要有以下两个方面。一是"二倍工资"的法律属性问题。一种观点认为"二倍工资"是工资报酬，应当适用特殊仲裁时效。认为通过文义解释，"二倍工资"的核心意思是"工资"，"二倍"仅仅是对数额的限定。并且法律条文中并没有明确体现出"赔偿责任"的含义，从概念上也并未赋予"赔偿"之意，故其并不具有赔偿金的性质。即使"二倍工资"不是劳动者付出直接劳动的对价，但并不能否定由"工资"这一法律概念所呈现的立法原意。[②]另一种观点则认为"二倍工资"是一种损害赔偿，是与用人单位违法不补订书面劳动合同对应的，较之"第一倍工资"对用人单位具有制裁性（支付劳动报酬之外增加的不利益），故属于法律责任。[③]后一观点在实践和理论上占据了主流。二是"二倍工资"的仲裁时效的

---

① 张冬梅.劳动争议仲裁时效制度的突破及其局限［J］.中国劳动关系学院学报，2009，23（2）：34.

② 李鑫超.谈劳动争议的仲裁时效［J］.中国劳动，2013（10）：61.

③ 王全兴，粟瑜.用人单位违法不订立书面劳动合同的"二倍工资"条款分析［J］.法学，2012（2）：68.

起算点问题。一种观点将用人单位不签订书面劳动合同的行为视为一种连续性侵权，因此"二倍工资"的仲裁时效起算点应当以连续性侵权行为的终了之日起计算。① 另一种观点则根据劳动法上对于不签订书面劳动合同所规定的不同情形作为依据，认为应区分不同情况确定仲裁时效的起算点。

> 在首次用工之日起未签订书面劳动合同或首次劳动合同期满后未续订书面劳动合同的1个月后至1年内，仲裁时效应当从补订劳动合同之日起计算；若没有补订劳动合同而直接终止事实劳动关系的，仲裁时效应当从事实劳动关系终止之日起计算。在首次用工之日起未签订劳动合同或首次劳动合同期满后未续订劳动合同超过1年的，仲裁时效应从视为订立无固定期限劳动合同之日即用工之日起满1年的当日计算。用人单位违法不与劳动者订立无固定期限劳动合同，仲裁时效应从补订无固定期限劳动合同之日起计算；若没有补订无固定期限劳动合同而直接解除劳动合同的，则应从劳动合同解除之日起计算。②

"带薪年休假工资"能否适用特殊仲裁时效主要取决于对其性质的认定。第一种观点认为"带薪年休假工资"属于劳动报酬，适用特殊仲裁时效的规定。这种观点主要是基于对《企业职工带薪年休假实施办法》规定的解读，"……应当在本年度内对职工应休未休年休假天数，按照其日工资收入的300% 支付未休年休假工资报酬，其中包含用人单位支付职工正常工作期间的工资收入"。认为该300%的金额是劳动者工资的一部分。从法理看，工资内容除包括基本工资、奖金等外，还包括延长工时劳动补助（延时工资），即劳动者超出正常劳动所获得的对价，当然为工资报酬，而非福利。因此，劳动者请求用人单位支付未休法定带薪年休假工资报酬的，应当属于劳动报酬的争议。③ 第二种观点认为"带薪年休假工资"属于福利待遇范畴，适用一般

① 董文军.劳动合同法中的意思自治与国家强制：源自劳动合同书面形式强化的思考［J］.社会科学战线，2016（9）：228.
② 张沛儒.论二倍工资的若干法律问题［J］.中国劳动，2011（4）：23-24.
③ 宫秀美，钱静.职工带薪年休假的仲裁时效从何时算起［J］.中国劳动，2011（8）：52.

劳动仲裁时效的规定。理由是带薪年休假是国家对各行各业职工所做贡献的认同,其通过赋予用人单位法定义务的形式作为国家给职工谋取的一项福利。而且年休假天数是根据职工在不同用人单位的工作年限累计后确定的,而履行这一法定义务的则是职工当下的用人单位,从这一角度来看,带薪年休假工资不具有劳动报酬的对价性。根据法律规定,当职工主动放弃年休假时,用人单位不用承担300%的年休假工资报酬,休假工资报酬是对职工主动申请休假而用人单位未能安排职工年休假的一种补偿。因此,年休假工资报酬适用一般时效即1年时效期间,更符合立法精神。① 第三种观点认为带薪年休假工资报酬属于赔偿金。认为应休而未休年假的劳动者,其所付出劳动已经通过工资给付,而200%的工资报酬部分,并非劳动者所付出劳动的对价,而是当用人单位不履行法定义务时,对劳动者没能依法休年休假的赔偿,属于赔偿金范畴。因此适用一般仲裁时效的规定。② 第四种观点认为带薪年休假工资报酬的性质不可一概而论,应区分年休假期间的工资报酬和应休未休年休假工资报酬而分析。年休假期间的工资报酬当属于"工资报酬"范畴,如果用人单位扣发了劳动者休假期间的工资,劳动者可以单方解除劳动合同并向用人单位主张经济补偿金,此类争议适用特殊仲裁时效。而应休未休年休假工资报酬应当属于福利待遇性质,是企业对于不能休假的劳动者的一种经济补偿,适用一般仲裁时效。③

　　"加班工资"属于劳动报酬的法律性质并无太大争议,其在适用特殊仲裁时效制度上主要面临着举证责任如何分配的问题。根据劳动争议调解仲裁法的规定,劳动关系存续期间劳动报酬争议不受1年仲裁时效的限制,劳动关系终止后1年内都可以提出,这样就面临由哪一方来承担举证责任的问题。因为相较于劳动者的月工资而言,加班工资具有更多的随机性,且不能通过银行支付流水等日常工资发放的手段予以佐证,导致在举证上面是比较困难的。根据劳动争议调解仲裁法第六条的规定:发生劳动争议时,当事人对自己提

---

① 唐文胜.带薪年休假工资报酬的法律适用［J］.中国劳动,2012(11):27.

② 曹克奇.年休假权的解释论:以2008—2016年再审裁判文书为中心［J］.中国人力资源开发,2016(14):91.

③ 贾迪,赵磊.带薪年休假工资报酬性质研究［J］.中国人力资源开发,2017(1):166-166.

出的主张，有责任提供证据。与争议事项有关的证据属于用人单位掌握管理的，用人单位应当提供；用人单位不提供的，应当承担不利后果。《最高人民法院关于审理劳动争议案件适用法律若干问题的解释（三）》第九条规定：劳动者主张加班费的，应当就加班事实的存在承担举证责任。但劳动者有证据证明用人单位掌握加班事实存在的证据，用人单位不提供的，由用人单位承担不利后果。而按照《工资支付暂行规定》第六条第三款的规定：用人单位必须书面记录支付劳动者工资的数额、时间、领取者的姓名以及签字，并保存两年以上备查。结合以上规定，对于劳动者有证据证明用人单位掌握加班事实存在的证据的情况下，拖欠加班工资的举证责任是由用人单位承担的，然而法律要求用人单位承担的证据保存义务只限两年，那么就产生了适用特殊仲裁时效导致的两年以前加班工资的举证责任如何承担的问题。结合各地不同的实践做法，对上述问题的解决思路主要有如下几种。第一种是广东省的做法：劳动者主张加班工资，用人单位否认有加班的，用人单位应对劳动者未加班的事实负举证责任。用人单位以已经劳动者确认的电子考勤记录证明劳动者未加班的，对用人单位的电子考勤记录应予采信。劳动者追索两年前的加班工资，原则上由劳动者负举证责任，如超过两年部分的加班工资数额确实无法查证的，对超过两年部分的加班工资一般不予保护。第二种是北京市的做法：劳动者追索加班工资，在两年保存期间内，由用人单位承担举证责任。超出这一期间的则应适用"谁主张，谁举证"的举证责任分配规则。换言之，劳动者追索两年前的加班工资，原则上由劳动者负举证责任。[①]这些做法在学界也都得到了不同程度的支持和批评。

三、对既有研究的评述

从上述情况可以看出，劳动仲裁时效制度方面的研究能够紧跟劳动程序立法进程，高度关注立法变化，紧密结合司法实践，积极回应相关制度在实

---

① 周国良，陈伟忠，刘文华，等.专家视点：加班和加班工资（续）[J]. 中国劳动，2009（1）：17-18.
吴文芳.劳动争议仲裁时效与民事诉讼时效冲突探析[J]. 华东政法大学学报，2013（6）：124-125.

践中产生的问题。学者们就劳动仲裁时效中疑难问题的认定和适用提出了自己的理论见解，为劳动仲裁及诉讼的实践提供了宝贵的参考意见，也为立法修订提供了可供参考的学理支撑。

立法的进程也很好地回应了学界的关注，吸纳了一些反应强烈的研究成果。当然也仍然存在着一些争议和回避的问题。比如：在劳动仲裁和诉讼的衔接上，学界提出要通过理顺裁审机制以解决制度冲突问题，但是在法律更新的过程中并未涉及，也带出继续性债权在仲裁阶段适用特殊仲裁时效与诉讼时效和诉讼过程衔接不畅的问题。

从既有研究成果的研究视角来看，仍然存在以下不足之处：

一、对劳动立法思维层面的批判不足。目前的研究多关注于现行制度设置是否合理、制度运行是否顺畅，如何更好解释适用的方面。但是缺乏进一步思考制度变化本身所能反映出来的立法思维层面的偏颇。比如：就仲裁时效制度内容而言，为什么会经历多次的反复摆荡式的立法选择，呈现出断裂式的立法思维。此种立法思维是否与我们对劳动立法的角色定位的偏视有关，如果我们长期在思维上将劳动法视为服务于经济发展的辅助性政策，这势必会导致劳动立法缺乏延续性，造成法律规范变动摆荡过大，进而给实践增加了很多不必要的适用困难和理解成本。劳动立法的思维取向亟须通过相关研究予以厘清，并以此作为后续研究的基础。

二、对劳动仲裁时效在劳动程序中的价值缺少明确定位。短期时效、起算点、主动审查等问题的争议，在一定程度上反映了劳动仲裁时效程序制度承载了过多的价值负担。有一些学者在研究劳动程序中关注到价值问题，认为劳动法中的实体权利应当有配套的救济程序作为保障。因此在劳动程序的制度设计中，应当将保护劳动者实体权利作为基点，建立对应和配套的法律救济程序，以处理好劳动程序与劳动实体权利的关系。[①] 其中劳动争议的仲裁与诉讼是化解纠纷的渐次程序，立法需要在程序衔接过程中兼顾公平与效率，劳动争议调解仲裁法在立法中的一些新的制度设计正是在试图平衡"公平"

---

① 刘焱白. 从实体到程序：劳动者实体权利的程序救济 [J]. 社会科学家，2011（7）：99-102.

与"效率"两大基础价值，并力图谋求在仲裁和诉讼程序之间的有机融合。^①而我国现行的劳动诉讼制度由于欠缺独立性，导致诸如劳动仲裁与诉讼受案范围不清、劳动争议当事人诉讼选择受限、劳动纠纷处理时间过长等有损公平和效率的不利后果。因此应构建相对独立的劳动诉讼制度，采取"或裁或审"的纠纷处理机制，在法院内部设立劳动审判庭，并在统一的劳动争议调解仲裁法中确立劳动诉讼特别程序。^②这些程序价值的研究多集中于劳动争议解决机制本身，而与劳动仲裁时效相关的研究却很少以程序价值作为研究的切入点，导致劳动仲裁时效相关制度正当性研究基础的缺失。同时，劳动仲裁时效制度价值的研究也不能局限于劳动争议解决机制运行本身。作为具有中国特色的法律制度，其在进行立法设计时将不可避免的考虑我国劳动关系调整的实际需求。比如：我国工会在劳动争议解决中的缺位、政府存在宏观管理劳动关系需求等原因，使劳动仲裁程序承担了平抑潜在劳资冲突、强制过滤劳动诉讼等价值负担，这些问题在劳动仲裁时效制度中的反映，需要我们回溯和明晰劳动程序的应然价值，将理应由劳动仲裁时效承担的制度价值和本应由其他程序承担的制度价值予以区分，明确时效中的具体制度应当如何设置，进而实现仲裁时效制度的顺畅合理。

三、劳动仲裁时效系统研究稍显薄弱。无论是起算点、期间、中止、中断还是特殊仲裁时效的适用，目前的研究都多集中于法律规则层面的制度操作，对于存在的问题也多在制度内部尝试修修补补，很难达到系统优化的目的。这是因为仲裁时效的一些制度问题并非是由劳动仲裁制度本身所导致的，而是我国劳动争议解决机制采取的仲裁强制性前置的结果。因此有一些学者提出了"或裁或审、两裁（审）终局"的"裁审分离"的双轨制的解决方案，将申请仲裁还是提起诉讼的权利交于当事人选择。一方当事人选定其中一种纠纷解决方式，即确定了该特定劳动争议救济路径的效力，各方当事人均不得就同一劳动争议再请求以另一种方式给予救济，仲裁和诉讼都实行两

---

① 章群，牛忠江.劳动争议仲裁与司法诉讼之衔接分析：基于"公平"与"效率"价值的展开［J］.财经科学，2008（11）：119.

② 冯彦君，董文军.中国应确立相对独立的劳动诉讼制度：以实现劳动司法的公正和效率为目标［J］.吉林大学社会科学学报，2007（5）：105-109.

裁（审）局。双轨制的解决方案就需要建立统一的劳动争议诉讼时效。[①] 而认可单轨制的学者则认为双轨制中当事人一方可自由选择劳动仲裁或民事诉讼的行为对另一方当事人来说仍然是强制性的，另外劳动者的弱势会使这种自由选择在很大程度上并不能实现真正的自由，因此单一机构处理体制更有利于劳动争议的解决，即劳动争议只由劳动仲裁机构或劳动司法机构处理。如澳大利亚采取单一劳动仲裁机构模式，由劳动仲裁机构专门处理劳动案件，仲裁终局，法院不再受理；如德国、瑞典、芬兰等国家的单一司法机构模式，成立专门的劳动法庭或劳动法院，适用特别的劳动诉讼程序处理劳动争议。[②] 在此种情况下，将不会出现劳动争议在不同救济阶段的时效制度不一致的情况。但这些研究通常是以比较法的方法复制域外制度，缺少本土意识导致缺乏可行性，从而无法被采纳形成立法规范。核心问题需要我们站在劳动仲裁时效制度之上，俯视整个劳动争议解决程序去发现。比如：我国所选择的整体的劳动争议解决机制的现实基础是什么，哪些因素或会决定仲裁存在的不可替代性？仲裁程序在整个劳动纠纷解决机制中的定位到底是什么？我们在很多研究中一直将仲裁时效与诉讼时效进行比照，其内含着我们一直在把仲裁和一审制度进行类比，而仲裁到底是实质一审，还是应该把它看作法治国图景下能够与诉讼制度形成竞争的一种纠纷解决机制？在此基础上，我们应该寻求仲裁时效制度的个性还是与诉讼时效的共性？劳动仲裁时效的"释法权"应该归属劳动主管部门还是最高人民法院？等等。只有通过系统化的研究，才能从更广阔的范围理顺劳动仲裁时效制度。

　　四、存在着以民法思维取代劳动法思维的研究迷境。以劳动报酬争议适用特殊仲裁时效的问题为例，对许多"工资"的解读，多局限于字面表达和法律条文的语言表述来论证其是否属于"劳动报酬"，以决定是否适用特殊仲裁时效制度。如对于"二倍工资"的解读，因为劳动者多领取了的一倍工资，就认为其不是劳动的对价，而是一种损害赔偿，这就是以典型的民法思维去解释劳动法问题。如果简单从"对价"的角度去看待工资，就缺少对劳动者

① 陈彬.论我国劳动争议处理制度的重构［J］.现代法学，2005（6）：95.
② 丁霊翔.劳动争议处理程序存在的问题及解决［J］.学术界，2010（4）：166.

在劳动关系中的人身附随性和弱势地位的考量，在一定程度上设定了用人单位违法成本的上限，无法实现制度设置的良苦用心的同时，也变相鼓励用人单位延长违法行为以降低未来可能承担法律责任的单位时间成本。另外，惩罚性赔偿责任本身就是民法责任不能涵盖的责任类型，在理解和适用上又如何用民法思维去解读呢？类似问题的存在也凸显了我们目前主要采取文献分析和法条解读的研究方法，对社会主义劳动法基础理论研究的薄弱，导致问题讨论不能深入，对立法和实践中出现的问题，无法形成强有力的解释论。

第三节　研究内容

第一部分通过对制度发展的背景梳理，展示市场经济发展历程的不同阶段劳动仲裁时效的制度变迁，在此基础上揭示劳动仲裁时效制度的立法思维并对其产生的弊端进行分析，完成立法思维的反思与修正。

第二部分从劳动仲裁时效在历史制度中的名称变化入手，研究这些曾经的称谓与其他具体规范性质之间是否契合，在此基础上展示时效制度的发展趋势以及存在的问题，并提出有利于实现劳动仲裁时效名实相符的立法进路。此部分通过对历史上劳动仲裁时效曾经使用的名称完成基础概念的界定和区分，对劳动仲裁时效的性质、法律效力等进行定位，通过对立法进路的探讨解决时效制度在仲裁和诉讼上衔接不畅的问题。

第三部分从法理基础上对时效制度的建构寻求正当性判定的标准，通过从理念基石、基本支撑、价值追求到具体评判的层层推进，完成劳动仲裁时效制度的法理转向研究，为立法论和解释论的研究建立理论基础。

第四部分围绕当前劳动仲裁时效中存在调整必要的部分进行制度构建。对适用对象这一时效基础制度的建构以目前实践中存在的主要争议，即确认劳动关系是否适用仲裁时效入手，通过归纳和分析争议观点，提出正当性考量下的适用对象思考。对期间这一时效核心制度的建构从不同消灭时效期间的法律意义入手，分析我国劳动仲裁时效期间制度存在的问题和原因，在此基础上探讨劳动仲裁时效期间的正当性设计。对起算这一时效的关键制度，考察不同国家采用两类不同起算标准的法律效果，结合主客观起算标准分别具有的优缺点检视我国现行劳动仲裁时效起算制度，提出正当性审视下的起算制度构建建议。

　　第五部分对目前我国劳动仲裁时效制度中存在的主要司法争议进行解释论上的研究。对以"工资"之名的劳动争议是否属于拖欠劳动报酬争议以适用特殊仲裁时效。首先，通过基本概念剖析厘清劳动报酬和工资概念的关系，寻求文义上的判定标准。其次，通过我国劳动法体系下的工资支付逻辑研究，寻求实质判定标准。最后，在此基础上对二倍工资、未休年休假工资和加班工资等适用特殊仲裁时效制度的争议焦点进行具体分析，基本脉络是通过对各地司法文件及司法裁审中的不同处理意见的比较分析，结合正当性评判标准寻求较为合理的解释适用做法。

第四节　创新点与写作难点

一、创新点

（一）写作进路

　　劳动仲裁时效制度的既有研究，多以仲裁时效的具体司法实践运用为切入点，讨论现行制度设置的合理性与解释适用等。本文则选择以历史社会法学的研究方法，把国家不同历史阶段的劳动制度需求作为思考劳动仲裁时效制度合理性的重要依据，并将其与民事诉讼时效在制度基础上的差异性作为分析路径，借此希望构建出具有劳动法特色的时效制度。

（二）创新观点

　　一、对劳动仲裁时效的立法思维进行重思。在肯定劳动仲裁时效制度的政策功能的基础上，需要避免断裂式立法思维对法律制度稳定性和延续性的伤害，以劳动仲裁时效制度特色的功能与价值作为立法思维导向。

二、对劳动仲裁时效立法进路进行重建。通过对劳动仲裁时效在不同历史时期的"名""实"分析，提出劳动仲裁时效应该更贴近于仲裁的制度需求，以消灭时效的称谓规定于实体法规则之中。

三、对劳动仲裁时效的法理基础进行重塑。在梳理传统时效价值的基础上，提出劳动仲裁时效的价值要关注劳动者与用人单位在仲裁可行能力上的差异，以仲裁可行能力的实质平等实现双方在时效制度上从"平等的自由"到"自由的平等"的法理转向。

四、对劳动仲裁时效的具体制度进行重构。以劳动者仲裁可行能力的考察为理论指引，对目前制度中存在的劳动者和用人单位实质不平等的方面进行差异化制度重构，在此基础上重新审视劳动仲裁时效法律适用的难点问题。

二、写作难点

一、资料收集的困难。与劳动争议解决模式的密切相关性决定了我国劳动仲裁时效制度鲜明的中国特色，与其他国家或地区的制度进行比较分析的可能性比较低，因此在国外相关资料的收集上比较困难。

二、选题本身的难点。作为一种以时间限制权利的制度，时效在具体内容设计上的合理性判定本就十分困难。源自民事时效制度的劳动仲裁时效的合理性判定，不仅需要建立在两者共性和特性的分析之上，更需要结合劳动争议呈现出的制度需求进行较为深刻的思考。

三、核心理论的提炼与证成。论文提出了将劳动者仲裁可行能力作为制度设计和适用的核心价值评判，但在观点提炼和论证上需要建立起充分的说服力，这对自身学术基础和能力是一个重大考验。

第五节　研究方法

历史分析方法。通过对我国劳动仲裁时效制度的历史发展进行研究，能够探知特定历史背景下形成这种特殊制度的因由。从制度创设的背景到制度实行过程的立法、司法上的不断修正及其原因，着重分析不同时效规定在适用时产生的问题，以及立法和司法采取何种思路解决这些问题，最终是否达到预期效果。对立法与司法的互动过程进行全方位的阐述，以揭示劳动仲裁时效的实质内涵和属性。

比较分析方法。将劳动仲裁时效与民事诉讼时效等进行对比研究。揭示不同的消灭时效在法律性质、期间长短、审查制度等多方面的差异，正确定位劳动仲裁时效的价值和功能。通过不同国家时效制度中的差异性规定，分析利弊，为劳动仲裁时效具体制度构建寻找较为合理的做法。通过对地方具体司法实践的比较，寻求解释论上更为合理的观点。

价值分析方法。对劳动仲裁制度的研究不仅要进行实证性的探究，还要进行理性的追问，需要对其科学精神与人文精神予以双重关照。从劳动仲裁时效的内在属性入手，自觉运用价值分析方法，以便认知和把握其本质规律和内在特点，为制度重构奠定坚实的基础。

实证分析方法。劳动仲裁时效是劳动争议解决程序中的重要内容，在司法实践中的运用成为检验制度设置合理性的重要衡量标准，由此在研究相关问题时，实证分析结合司法实践中的具体做法，有利于直面中国的劳动问题，梳理制度运行的困境，有助于找到有效解决中国劳动纠纷解决中仲裁时效制度所存问题的方法。

第一章

劳动仲裁时效制度发展的背景梳理与立法思维反思

第一节　劳动仲裁时效制度发展的背景梳理

一、初生萌芽——双轨制下国企激励需求的产物

我国首次规定劳动仲裁时效的立法文件是1987年8月15日施行的《国营企业劳动争议处理暂行规定》（以下简称暂行规定）。根据暂行规定第一条、第二条、第五条、第十六条以及第二十五条的具体规定，可以看出当时与劳动仲裁时效制度相关的法律规定呈现以下几方面的特点：

一、当时劳动仲裁时效制度能够处理的劳动争议限定在国营企业行政与其职工之间。对于外商投资企业和集体企业与其职工发生的劳动争议，是否纳入劳动争议仲裁范围，根据当时劳动人事部的《关于国营企业劳动争议处理暂行规定若干问题的解答意见》，由省、自治区、直辖市自行确定。二、对于国营企业与其职工之间的劳动争议的处理路径遵循着企业调解自愿、劳动仲裁强制并前置于劳动诉讼，这一解决模式也被后来的法律制度确认下来。其中因履行劳动合同发生的争议，当事人可以向企业劳动争议调解委员会申请调解，也可以直接向当地劳动争议仲裁委员会申请仲裁；因开除、除名、辞退违纪职工发生的劳动争议，当事人应当直接向当地仲裁委员会申请仲裁。当事人一方或者双方对仲裁不服的，可以在收到仲裁决定书之日起十五日内

向人民法院起诉。三、区别不同的争议类型，对劳动仲裁的时效期间做出不同的法律规定。属于因履行劳动合同发生的争议，当事人应当从争议发生之日起六十日内，或者从调解不成之日起三十日内，向仲裁委员会提出；因开除、除名、辞退违纪职工发生的劳动争议，当事人应当直接向当地仲裁委员会申请仲裁，当事人应当自企业公布处理决定之日起十五日内向当地仲裁委员会提出。

暂行规定第一次规定劳动仲裁时效是有其特定的时代背景和现实需要的。在此之前，由于我国长期处于计划经济时代，社会经济形式和劳动关系呈现单一化的特征，在数十年的岁月里，我国劳动立法一直处于停滞不前的状态，只是根据形势的需要发布了一些行政法规。就劳动争议的解决，劳动部在1950年11月发布了《关于劳动争议解决程序的规定》。1956年，我国对生产资料私有制的社会主义改造基本完成之后，私营企业中劳资争议方面的任务也已经结束，当时普遍认为在社会主义公有制条件下已经消灭了资产阶级，人民的根本利益是一致的，劳动争议的发展趋势是越来越少，越来越简单。各级劳动行政机关设立的处理劳动争议的机构亦相继撤销，劳动争议的处理改由一般人民群众来信来访的方式处理，[①] 人民法院不再受理劳动争议案件。随着党的十一届三中全会的召开，国家社会主义建设迅速推进，经济体制改革也在逐步深化。为了吸引外国投资进入中国，国家通过双轨制立法，对外国企业实现部分给予"优惠待遇"的制度。这些法律和规章允许外资企业第一个在中国引入和严格执行就业合同，[②] 同时提高了企业对几乎所有领域人员管理的自主权和灵活性，造成了国有企业劳动者流失及经济效能上的巨大压力，因此导致国有企业管理者及其在领导层中的支持者认为需要公平竞争。[③] 针对国有企业以前采取的用以加强计划经济管理和努力解决就业问题的

---

① 关怀.改革开放三十年劳动立法的回顾与展望［J］.法学杂志，2009，30（2）：10.

② 1986年颁布实施的《中华人民共和国外资企业法》第十二条规定：外资企业雇用中国职工应当依法签订合同，并在合同中订明雇用、解雇、报酬、福利、劳动保护、劳动保险等事项。

③ 加拉格尔.全球化与中国劳工政治［M］.郁建兴，肖扬东，译.杭州：浙江人民出版社，2010：20.

固定工制度已经不适合现代化经济建设需要的现实问题。

1986年7月12日，国务院发布了《国营企业实行劳动合同制暂行规定》，明确规定实行劳动合同制。实行劳动合同制的目标是：突破劳动力的单位所有制，促使用工形式多样，期限有长有短，灵活性与稳定性相结合，企业得到用工自主权，劳动者获得一定的选择职业的自由，建立起合理的具有活力的劳动力调节机制，适应经济建设发展和改革、开放、搞活政策的需要。[①]

在确认和实施了国营企业劳动合同制之后，就不能再通过信访形式处理劳动合同争议问题，因此1987年7月31日，国务院发布了《国营企业劳动争议处理暂行规定》，适用于国营企业因履行劳动合同发生的争议以及因开除、除名、辞退违纪职工发生的争议。

二、扩大细化——内外资劳动争议一体化处理

1993年8月1日开始实施的《中华人民共和国企业劳动争议处理条例》（以下简称处理条例）取代了暂行条例，成为调整企业劳动争议处理的法律规范。处理条例对劳动仲裁时效在以下方面做出了改变：

一、扩大了劳动仲裁的适用主体范围。不再限于暂行条例中所规定的"国营企业与其职工"，而是适用于中华人民共和国境内的所有企业与其职工。二、扩大了劳动仲裁解决的劳动争议的范围。由"因履行劳动合同"和"因开除、除名、辞退违纪职工"两种情形，扩展为"因企业开除、除名、辞退职工和职工辞职、自动离职发生的争议；因执行国家有关工资、保险、福利、培训、劳动保护的规定发生的争议；因履行劳动合同发生的争议；法律、法规规定应当依照本条例处理的其他劳动争议"。三、统一并大大延长了仲裁期间。不再区分劳动争议的类型，申请劳动仲裁的时效统一规定为"当事人应当从知道或者应当知道其权利被侵害之日起六个月内"，当事人因不可抗力或

---

① 史探径.劳动法与经济体制改革［J］.法学研究，1988（5）：59.

者其他正当理由超过前款规定的申请仲裁时效的，仲裁委员会应当受理，同时仲裁时效的起算也与劳动争议调解不再挂钩。

1993年的处理条例对劳动仲裁时效制度扩大了规范劳动争议的范围并随之细化了规范内容。自改革开放以来，外资被允许进入中国，最开始仅限于在东南沿海的珠海、深圳、汕头和厦门四个经济特区并且要采取和内资企业合资的形式，到1986年《中华人民共和国外资企业法》的颁布，取消了对外资独资企业的禁止，再到1988年开放全部沿海地区的沿海发展战略，允许外资在全国14个沿海城市以及3个三角洲区域投资，及至1994年，国家把沿海发展战略的优惠政策扩展到所有省市，外资在中国享受到大量政策优惠的同时，不再受到地域的限制，迎来投资发展的热潮。[①] 据统计，我国实际利用外国直接投资在短短5年间，从1990年的34.9亿美元发展到1994年的338亿美元，增长了近10倍之多[②]，为我国市场经济发展和经济实力的增长做出了巨大的贡献。

但与此同时，外资企业侵犯劳动者权益的事件也经常见诸报端。比较常见的形式包括劳动条件不达标，引发安全事故；侮辱劳动者人格，劳动虐待；侵犯劳动者休假权，超负荷劳动；违法招聘，随意辞退；等等。因此处理条例将劳动仲裁的适用主体范围扩大到适用于中华人民共和国境内的所有企业与其职工之间，并且将仲裁时效延长为6个月。同时仲裁时效的起算也与劳动争议调解不再挂钩，希望仲裁中的劳动行政部门的参与能够起到有效降低因劳动者集体争议所引发的群体性事件概率，对企业在处理劳动争议的控制提出了挑战的同时，有效保障外资企业劳动者申请仲裁的权利。这一阶段劳动仲裁时效的制度变化，目的在于有效规范外资企业和劳动者之间的劳动争议，是我国劳动法制从双轨制向单轨制发展的一个重要表现。

随着我国从计划经济向市场经济转型，企业和劳动者之间的关系，也经历了从身份向契约转变的过程。尤其是国有企业职工，在实行单位制社会主义时期，以国家的主人的身份，享有"铁饭碗"以及大量附着的福利待遇，

---

① 吴晓波．历代经济变革得失［M］．杭州：浙江大学出版社，2013：199-200.

② 数据来源于中国国家统计局网站。

因此具有强烈的稳定性和组织依赖性。① 然而伴随着国有企业改革的推进，一方面用工制度采取合同制，另一方面为了实现减员增效，国有企业也历经着大规模的重组、并购甚至是破产等。这些变动打破了国企职工的稳定组织关系，随之引发了大量更加多样和复杂的劳动争议。因此处理条例将劳动争议的类型由"因履行劳动合同"和偏重于身份关系的"因开除、除名、辞退违纪职工"两种情形，扩展为"因企业开除、除名、辞退职工和职工辞职、自动离职发生的争议；因执行国家有关工资、保险、福利、培训、劳动保护的劳动标准规定发生的争议；因履行劳动合同发生的争议；法律、法规规定应当依照本条例处理的其他劳动争议"。更多将劳动者视为劳动合同另一方的平等主体，对职工主动离职、辞职引发的争议纳入仲裁的范畴，同时对涉及劳动者个别劳权（报酬权、职业培训权、社会保障权、职业安全权等）的争议也由仲裁来调整。也许正因上述劳动争议所发生的复杂变化，处理条例不再区分劳动争议的类型，将申请劳动仲裁的时效统一为"当事人应当从知道或者应当知道其权利被侵害之日起六个月内"，相较于之前的时效期间大大延长，为劳动争议的有效解决，相对而言提供了较为合理的处理时间。

三、限缩争议——法律层级的全覆盖与弱约束

1995年实施的《中华人民共和国劳动法》是新中国成立以来我国颁布实施的第一部劳动法律，是劳动法体系的基础，全面规定了劳动者的基本权利并消除了不同身份劳动者在法律上的差别对待，对劳动关系的方方面面做出了覆盖性的规定。其中的第八十二条对仲裁期间做出了规定："提出仲裁要求

① 国企员工的福利待遇是以当时国家在城镇建立的一套以终身就业为基础的、由单位直接提供各种福利和服务的社会政策体系的组成部分。在这种社会政策体系下，国家以充分就业为基础，将绝大部分城镇居民安排到全民所有制和集体所有制单位（主要是国家机关和企事业单位）中就业，对干部、职工及其家属提供覆盖生、老、病、死各个方面的社会保护，具体包括医疗服务、住房、教育、养老，以及各种生活福利和困难救济。国家建立的劳动保护体系使所有工人都享有就业保障，没有失业之虞。这套体系被称为"单位福利制度""单位社会主义""迷你福利国家"，被认为是社会主义优越性的体现。

岳经纶.演变中的国家角色：中国社会政策六十年［M］// 岳经纶，郭巍青.中国公共政策评论.上海：格致出版社，2010：49-51.

的一方应当自劳动争议发生之日起六十日内向劳动争议仲裁委员会提出书面申请。"这一规定将处理条例对期间的规定的6个月又缩限至60日，而这"60日"在法律属性上仍未明确定位为时效，并未规定中止、中断等情形。

20世纪90年代，随着市场经济的快速发展，国有企业改革及非国有经济也在不断推进，[①]劳动关系呈现出多样化和复杂化的特点，随之而来的是许多劳动争议，甚至是劳资冲突群体性事件的出现，这不仅导致劳工群体的利益受损较重，也危害到了社会的安定与发展，因此国家急需颁布实施一部统一调整劳动关系的法律，以应对出现的管理需求。在此背景下，劳动法在1995年颁布实施，这部法律的诞生历经了15年的漫长立法过程，作为当时中国的唯一一部劳动法律具有十分重要的作用。[②]同时也存在着规定过于原则化导致操作性不彰的问题，虽然明确规定了劳动者的权利，但却并未提供确保权利实现的有效保障，对企业的约束力有限，同时劳动执法的状况也不理想。[③]因此在劳动法颁布之后，申请劳动仲裁的劳动争议案件数量一直处在上升状态。如表1.1所示从1995年到2007年，劳动仲裁委员会受理的劳动争议案件从3.3万件攀升到35万件，增长了10倍之多；劳动仲裁案件涉及的劳动者人数从12.2万人上升到95.3万人，增长了7倍之多，其中每年由劳动者提起的争议案件比重都超过90%，可见在劳动纠纷中，劳动者权益受到侵害的情况十分严重。针对劳动法实施的调查显示，存在的主要问题包括劳动合同签订率低、期限短、内容不规范；最低工资保障制度没有得到全面执行，拖欠工资现象仍时有发生，工资正常增长机制尚未形成；超时加班现象比较普遍，劳动条件差；社会保险覆盖面窄、统筹层次低，欠缴保险费现象严重；劳动保障监察力度不足，劳动争议处理周期长、效率低。[④]

---

① 据国家统计局数据显示，私营企业就业人数从1992年的231.8万人，到1995年增长到956万人。其中城镇私营企业就业人数从1990年的93万人，到1995年已经急剧增长到485万人。

② 制定劳动法的计划开始于1979年，其起草过程，自1979年开始至1994年结束，经历了15年左右的时间，在此期间共产生了30多份草案，这些草案虽然没能成为最终的法律规范，但是不同的草案文本也体现了当期中国劳动关系的特点和状态，而最终版本的劳动法则是对截至1995年中国劳动社会关系的回应。

③ 关怀.适应市场经济要求，进一步完善劳动法制：纪念《劳动法》颁布10周年［J］.法学杂志，2004（6）：51–52.

④ 何鲁丽.全国人大常委会执法检查组关于检查《中华人民共和国劳动法》实施情况的报告：2005年12月28日在第十届全国人民代表大会常务委员会第十九次会议上［R/OL］.中国人大网站，2005–12–29.

表1.1　1995—2007年劳动仲裁委员会受理劳动争议案件数、受理劳动争议案件
劳动者人数及劳动者申诉案件数

年份	指标		
	劳动仲裁委员会受理劳动争议案件数（万件）	受理劳动争议案件劳动者人数（万人）	劳动者申诉案件数（万件）
1995	3.3	12.2	—
1996	4.8	18.9	4.2
1997	7.1	22.1	6.9
1998	9.3	35.8	8.5
1999	12	47.3	11.4
2000	13.5	42.2	12
2001	15.4	46.7	14.7
2002	18.4	60.8	17.2
2003	22.6	80.1	21.6
2004	26	76.5	24.9
2005	31.4	74.4	29.4
2006	31.7	67.9	30.1
2007	35	95.3	32.6

资料来源：中国劳动统计年鉴，各年份（北京：中国统计出版社）以及国家统计局网站。

　　面对如此复杂和繁多的劳动争议案件，劳动仲裁时效的规定也受到了学界和实践的批评。一是认为劳动仲裁时效过短。"所谓的'劳动争议仲裁时效'从处理条例的六个月缩短为劳动法规定的60日，可谓古今中外绝无仅有之'时效'，'时效'之短令人诧异。"[①] 这种60日的短时效，使在劳动争议中处于

---

① 郑尚元.劳动争议处理程序之和谐：以"劳动仲裁时效"为例［J］.法学家，2005（5）：29.

弱势一方的劳动者，受自身相对地位及法律知识的限制，不能在规定的期限内申请仲裁；抑或是由于没有规定中止、中断的情形，劳动者想通过协商或调解途径解决争议，却超过了申请仲裁的60日规定，丧失了司法保护的权利，这些都不利于劳动者权利的保护。二是针对"劳动争议发生之日"的理解不同。劳动部1995年8月颁布的《关于贯彻执行〈中华人民共和国劳动法〉若干问题的意见》第八十五条认为"劳动争议发生之日"是指"当事人知道或者应当知道其权利被侵害之日"。这一规定与我国民法通则及合同法中规定的"从知道或者应当知道其权利被侵害之日"起算一致，但是却没有考虑到劳动争议中双方当事人并非实质平等的双方当事人，很多时候劳动者由于处于对用人单位的人身依附状态，即使知道自身权利被侵害，也不能第一时间选择以仲裁的方式来解决纠纷，因此认为这一规定有不合理之处。[①] 三是针对劳动法规定的"期间"与"时效"的性质之争。

　　劳动法并未使用"仲裁时效"这一概念，而是使用了仲裁期限的用语。对此的理解，理论界主要有三种观点：一种观点认为属于除斥期间，争议当事人申请仲裁超过了该期间，劳动争议仲裁委员会就不会受理，也不会启动劳动争议仲裁程序，从程序上消灭了当事人申诉的权利；第二种观点认为属于诉讼时效，一旦超过了劳动争议的仲裁时效的时间限制，权利人的胜诉权就归于消灭，即丧失了请求劳动争议仲裁委员会保护其实体权利的可能性；第三种观点认为，劳动仲裁申请期限既非除斥期间，亦非诉讼时效，它仅仅是劳动争议当事人向仲裁委员会提起仲裁的法定期限，即法律为当事人行使申诉权所设定的一个时间，是当事人向劳动争议仲裁委员会提起仲裁的条件之一。超过该期限，当事人即不能行使申诉的权利，消灭其程序意义上的诉权。[②]

---

① 索晓惠．浅谈劳动争议的仲裁时效［J］．法学评论，2000（4）：151.

② 杨茂．劳动争议仲裁时效性质研究［J］．西南政法大学学报，2006（6）：27.

四、更上层楼——劳动关系高度市场化的新回应

2008年5月1日开始实施的劳动争议调解仲裁法是一部对劳动仲裁时效制度进行细致规定的法律，其中的第二十七条对劳动争议的期间、起算点、中断、中止及例外情形进行了全面细化的规定。

一是将劳动争议申请仲裁的时效期间扩展为1年。二是劳动仲裁时效期间的起算是从当事人知道或者应当知道其权利被侵害之日起计算。三是对于时效中断予以细化规定。包括三种情形：当事人一方向对方当事人主张权利；当事人一方向有关部门请求权利救济；对方当事人同意履行义务。在这三种情形下，劳动仲裁时效发生中断，从中断时起，仲裁时效期间重新计算。四是规定了劳动时效的中止情形。法条规定因不可抗力或者有其他正当理由，当事人不能在1年的仲裁时效期间申请仲裁的，仲裁时效中止。从中止时效的原因消除之日起，仲裁时效期间继续计算。五是规定了劳动仲裁时效的特殊情形。该特殊情形主要针对的是拖欠劳动报酬的争议。当该争议发生在劳动关系存续期间时，劳动者申请仲裁不受1年的仲裁时效期间的限制；劳动关系终止的，则应当自劳动关系终止之日起1年内提出。

从1993年开始，中国的改革开放进入到一个新的阶段，围绕国有企业的改革开始触及国有企业本身的产权问题，即国有企业的非国有化问题。这是前15年国有企业原有框架内的改革并没有办法解决政企分开、自负盈亏的问题之后的一次改革思路的转变，通过"建立现代企业制度""股份制改造""公司化改造""产权多元化"来具体实施十四届三中全会确立的"产权清晰，权责明确，政企分开，管理科学"改制原则，到2008年，国有企业改革的基本制度性问题已得到解决，国有企业改革不再是中国经济改革的"中心环节"。在这一过程中，从地方国企到中央企业纷纷展开了非国有化改革，大量的企业，特别是中小企业被甩出去，大型国企也开启了股份制改造，优质资产剥离后重组上市。其中伴随着大量的减员增效，开始实施的1998年，经济部门国有职工减少了2000万人。而非国有经济也在飞速发展，非国有部门不仅接手了大量亏损的国有企业，而且也接手了国有企业改制释放出来的大量下岗职工。[①]

---

① 张维迎.市场的逻辑：增订版［M］.上海：上海人民出版社，2012：245-250.

到2008年，中国的劳动关系已发生了本质性变化，国有企业职工人数占比大幅度下降。国有企业已经不是社会上居于主导地位的雇主，而非公企业已经成为主要的雇主，劳动关系基本实现市场化。与此同时，对那些改革后仍留在国有单位工作的员工来说，他们与原国有单位之间的劳动关系也发生了巨大变化，契约化和市场化成为包括国有企业在内的所有劳动者与雇主关系的主要方式。①

由表1.2可以看出，这一时期劳动争议案件受理数量逐年大幅攀升，其中解除、终止劳动合同争议案件受理数是所有争议案件类型中数量一直逐年增长的类型。

表1.2　2000—2008年当期劳动争议案件受理数（件）及各类型劳动争议案件受理数（件）

年份	指标					
	当期劳动争议案件受理数（件）	劳动报酬争议案件受理数（件）	社会保险争议案件受理数（件）	变更劳动合同争议案件受理数（件）	解除、终止劳动合同争议案件受理数（件）	其他劳动争议案件受理数（件）
2000	135206	41671	31350	3829	31965	—
2001	154621	45172	31158	4254	39336	
2002	184116	59144	32622	3765	43848	
2003	226391	—	—	5494	52060	13131
2004	260471	—	—	4465	57021	17776
2005	313773	—	—	7567	68873	28257
2006	317162	—	—	3456	67868	
2007	350182	108953	97731	4695	80261	
2008	693465	225061		—	139702	

数据来源：国家统计局网站。

① 程延园，王甫希．变革中的劳动关系研究：中国劳动争议的特点与趋向［J］．经济理论与经济管理，2012（8）：7.

劳动立法针对这一情况做出了回应，2008年劳动合同法和劳动争议调解仲裁法两部重要的劳动法律开始实施，成为我国劳动法发展历程上值得纪念的一年。[①] 劳动合同法被认为是侧重于劳动者权益保障之法，对劳动法中过于笼统和约束乏力的做法进行了矫正。调解仲裁法的配套出台更加便利了劳动者对自己的劳动权益申请司法救济。据统计，2008年的劳动仲裁委员会受理劳动争议案件数达到69.3万件，比上年度增加了98%；受理劳动争议案件劳动者人数达到121.4万，比上年度增加了28%，可以说劳动争议案件呈现出井喷之势，这既是对历史累积的劳动争议问题的一次释放，也是对新的劳动法律实施的肯定与考验。

劳动争议调解仲裁法对之前劳动仲裁时效制度所引起的理论和实践争议做出了积极回应，虽然对仲裁时效期间的起算仍然坚持从当事人"知道或者应当知道其权利被侵害之日"起计算，但将争议申请仲裁的期间定性为时效期间，并延长至1年，同时也规定了中止、中断的情形，使之更加科学和有操作性。其中的一个亮点就是将拖欠劳动报酬的争议作为劳动仲裁时效的例外情形，这样的规定在以下方面体现出其对劳动争议现实的尊重与应对。一是劳动报酬在所有争议原因中的比重较大。以2008年前后几年的数据（如表1.3所示）分析可以看出，因劳动报酬争议提起的劳动仲裁一直是占据首位的原因，从2005年的32.9%到2014年的36.2%，总体呈现上升趋势。二是由于劳动报酬是劳动者最基本的权益，因劳动报酬发生的争议将直接影响劳动者的生存权，且当该争议发生在劳动关系存续期间时，劳动者对该权益的主张，往往考虑到自己的受雇佣弱势的地位，为了维系劳动关系选择暂不追讨，如果适用1年的仲裁时效将不利于劳动者权益的保障。也正是因为上述的原因，法律在规定劳动报酬争议发生在劳动关系存续期间时，劳动者申请仲裁不受1年的仲裁时效期间的限制的同时，也规定了当劳动关系终止时，应当自劳动关系终止之日起1年内提出。

[①] 2007年被称为"中国劳动立法年"，这一年国家立法机关先后通过了劳动合同法就业促进法劳动争议调解仲裁法，无论是立法数量之多，还是立法博弈争斗之众，都显示出对劳动关系调整的迫切现实需要。

表1.3　2005—2014年申请劳动仲裁的劳动争议原因

年份	指标					
	当期案件受理数（件）	因劳动报酬争议案件数（件）	因社会保险争议案件数（件）	因变更劳动合同争议案件数（件）	因解除、终止劳动合同争议案件数（件）	劳动报酬占所有争议原因的比重
2005	313773	103183	97519	7567	68873	32.9%
2006	317162	103887	100342	3456	67868	32.8%
2007	350182	108953	97731	4695	80261	31.1%
2008	693465	225061	—	—	139702	32.5%
2009	684379	247330			43876	36.1%
2010	600865	209968			31915	34.9%
2011	589244	200550	149944		118684	34%
2012	641202	225981	159649	—	129108	35.2%
2013	665760	223351	165665	—	147977	33.5%
2014	715163	258716	160961	—	155870	36.2%

数据来源：中国劳动统计年鉴2015（北京：中国统计出版社）整理而成。

第二节　劳动仲裁时效的立法思维反思

一、劳动仲裁时效立法的"应对式"思维模式

回顾我国劳动仲裁时效制度变迁的整个历史过程，梳理制度内容与社会变迁节点的关系，劳动仲裁时效在立法思维上显现出"应对式"的逻辑色彩，即立法上的变动实际上是对本土化的社会经济现实需求的一种被动回应。在

我国改革开放短短的几十年间，国家以主动培育市场主体为基础逐步摸索、建立和完善市场经济机制，往往采取的是"市场先行，制度后补"的发展模式。劳动仲裁时效制度的历史变迁是这一发展模式的生动展示，这种"应对式"的立法思维主要体现为经济发展导向劳资政力量对比、劳动争议的特点、劳动实体法实施状况、劳动争议解决模式等因素的被动回应。

（一）经济发展导向

马克斯·韦伯曾经就法律与经济的最一般关系指出：

> 法律保障在很大程度上都是直接服务于经济利益的。即使那些看上去并非如此或者实际上确实并非如此的情况，经济利益也是影响法律创制的最强大因素，因为，任何保障法律秩序的权威，都要以某种方式依赖于构成性群体的共识性行动，而社会群体的形成在很大程度上要依赖于物质利益的格局。①

从上文中的历史梳理来看，劳动仲裁时效制度的变迁也和我国经济发展的变化呈现正相关。暂行规定中的时效规定回应的是国有企业的回归市场化和契约化的趋势；处理条例中劳动仲裁时效制度的变化也契合了外资企业和内资企业制度规范从双轨制向单轨制发展的方向；更不用说在劳动法长达15年的立法过程中，仲裁时效制度的考量和解读也必须结合中国经济体制转型的大背景；在劳动争议调解仲裁法中规定的仲裁时效制度在今天仍然适用，我们对该制度的认识和评判仍然不能脱离我国当今的经济发展导向，面对中国经济从高速增长转为中高速增长，经济结构不断优化升级，从要素驱动、投资驱动转向创新驱动的经济新常态，以及中国特色社会主义进入新时代的重要历史背景，可以预见我国劳动争议将会出现新的特点，在劳动仲裁时效制度改进上应该对此经济发展趋势予以重视。

（二）劳、资、政力量对比

劳动仲裁是劳动者与用人单位在发生劳动争议时，获得司法救济的必经

---

① 韦伯.经济与社会：第一卷［M］.阎克文，译.上海：上海人民出版社，2010：453.

之路。我国劳动仲裁是由劳动行政部门所主导的，可以说，劳动仲裁时效制度的设计，必须考量到劳、资、政三方的力量对比情况。在计划经济时期高度的国家指导体制下，劳动者和企业之间的劳动关系更加侧重于一种身份附属，通过广泛的如住房、医疗、教育、退休金等福利，强调劳动者对企业的组织依赖及企业对劳动者的管理监督。在这种劳动关系中，劳动者、企业及国家三方利益高度一致化。因此国家在20世纪50年代后期撤销劳动争议处理机构，劳动争议由国家行政机关依信访的模式来处理。随着改革开放进程的推进，外资带来大量资本的同时，也带来了先进的企业形态和管理模式，给国企造成了不小的竞争压力。为了赋予国企更加自主灵活的用工权利，引入劳动合同制度。

> 在向市场经济转变中，随着劳动关系的市场化，政府劳动部门从企业具体的劳动关系中退了出来，由过去的直接介入转变为对于劳动关系宏观调控和居中调解，由过去的主要运用行政手段管理劳动关系转变为主要运用立法、监察和服务的手段进行管理。①

劳动合同制度逐渐打破了企业和劳动者之间的高度的组织依赖，在形式上构筑了平等地位，因此在发生劳动争议的时候，就需要有一种中立裁判的机制，劳动仲裁制度自然就被法律制度所采纳。然而在劳动合同层面，劳动者和用人单位在形式上看似是平等主体，因双方的实际经济地位的悬殊，二者在实质上并不平等，劳动者处于弱势的一方。为了消除这种先天不足带来的弱势，劳动立法选择一种以劳动者团体力量来平衡资方力量的做法，就是采取工会制度。在劳动仲裁制度中，工会代表作为劳动者一方的利益代表参与到仲裁之中，然而由于我国工会体制机制的设置和运行方面所存在的问题，工会在劳动仲裁中能否独立自主的完全代表劳动者利益也受到了质疑。在劳资双方地位不平等，工会职能发挥乏力的情况下，劳动仲裁由劳动行政部门主导有其合理性。"在处理劳动争议的过程中，劳方代表、资方代表的参与，

---

① 常凯.劳权保障与劳资双赢:《劳动合同法》论［M］. 北京：中国劳动社会保障出版社，2009：31.

能够针对争议问题共同进行商讨，而国家力量的介入，在一定程度上能够救济处于弱势方的劳动者，对二者利益进行平衡。"①一方面劳动行政部门能够作为利益中立者居中裁判；另一方面也能够对劳动争议进行宏观把握，尽可能防止集体劳动争议向群体性事件发展，有利于社会的安定与经济的发展。正是在劳、资、政三方定位和力量的不断变化中，可以看到劳动仲裁的时效制度在时效期间、时效的中止中断以及时效的例外情形方面的规定，不断向劳动者一方倾斜的立法变化。

（三）劳动争议的特点

劳动仲裁时效的制度设计是为了有效解决劳动争议，只有我国劳动争议呈现出来的特点有的放矢，才能起到良好的社会治理作用。基于对不同历史时期劳动仲裁时效制度的社会、经济及劳动法治分析，可以看出中国劳动争议所呈现出的变化和特点：一是劳动争议仲裁委员会受理的劳动争议案件数量一直在上升。从1995年的3.3万件到2014年的71.5万件，20年间增长了20倍之多。如此繁多的劳动仲裁案件需要处理，劳动仲裁时效制度在设计时既要注重对争议解决的公正价值的追求，也必须考量到争议解决的效率价值。二是在劳动争议的原因方面，因劳动报酬、社会保险等经济利益所产生的争议占据主要比重。其中2005年到2014年的十年间，因劳动报酬提起的纠纷常年占据30%以上的比重，总体呈现增长趋势，成为劳动争议的首要原因。因此劳动仲裁时效制度将劳动报酬争议作为仲裁时效的例外规定，不受1年时效的限制是有其合理性的。三是劳动者提起申诉的劳动仲裁案件数量占据绝对优势。表1.1显示出，1996年至2007年，由劳动者提起申诉的仲裁案件，都超过了90%。另据国家统计局的统计数据，2008年至2014年，随着劳动争议案件数量的飞速增长，劳动者提起申诉的比重仍然占据了超过90%的比重。②显示出在劳动争议中，劳动者一方利益被侵害的情况十分突出，因此劳动仲

---

① 冯彦君，董文军. 中国应确立相对独立的劳动诉讼制度：以实现劳动司法的公正和效率为目标 [J]. 吉林大学社会科学学报，2007（5）：107.

② 据《中国劳动统计年鉴》2015年的统计数据，从2008年到2014年，劳动者提起申诉案件数量分别为650077、627530、558853、568768、620849、641932、690418，当期案件受理数分别为693465、684379、600865、589244、641202、665760、715163。

裁时效制度设计必须建立在考量劳动者弱势地位的前提条件之下，从有利于劳动者一方权利救济的角度进行制度构建。

（四）劳动实体法实施状况

劳动仲裁时效制度的设置也与劳动实体法的实施情况不可分离。从程序工具主义的角度出发，当劳动实体法律关系出现了劳动争议，仲裁制度的最大的正当目的是保障实体法的实现。因此在进行程序法构建时，劳动实体法规定的实体权利如果不能通过仲裁和诉讼获得救济，劳动实体权利就将落空。劳动仲裁时效制度作为开启劳动仲裁权利和程序的前置制度，必须契合劳动实体法的实施情况。

> 1986年9月9日，国务院颁布了《国营企业实行劳动合同制暂行规定》《国有企业招用工人暂行规定》《国营企业辞退违纪职工暂行规定》《国营企业职工待业保险暂行规定》。这四项法规的颁布标志着我国劳动合同制改革的全面展开，其中重点是改革招工制度、用工制度……这一阶段，劳动合同制在适用过程中也引发了一些劳动争议……劳动法学界研讨了劳动争议的范围和处理程序，并参与了诸多劳动立法的制定，有力地推动了立法和执法水平的提高。[1]

因此在1987年出台了《国营企业劳动争议处理暂行规定》，针对上诉实体法中所规定的国营企业行政与其职工之间的劳动争议可以提出仲裁。针对实体法规定的合同用工制度，因履行劳动合同发生的争议和因开除、除名、辞退违纪职工发生的劳动争议事件，遵守60日和15日的仲裁期间规定。在暂行规定实施期间，一方面由于我国外国直接投资劳动法和国有企业劳动法规慢慢出现融合；另一方面也因为在法律实施过程中越来越多的学者和实务操作者认为60日的劳动仲裁期间过短，因此在1993实行了企业劳动争议处理条例针对劳动仲裁时效制度做出了修改，扩大劳动仲裁的适用主体，适用于中华人民共和国境内的所有企业与其职工之间发生的劳动争议，扩大劳动仲裁

---

① 冯彦君，王天玉，孙冰心．社会公正和谐的六十年求索：中国劳动和社会保障法的发展轨迹［J］．社会科学战线，2009（11）：3.

解决的劳动争议的范围，增加了对自动离职发生的争议。因执行国家在劳动标准规定发生的争议，不再区分劳动争议的类型，申请劳动仲裁的时效统一延长为6个月。同样的，伴随着劳动法和劳动合同法的颁布和实施，劳动仲裁时效制度也做出了相应改变。

（五）劳动争议解决模式

劳动争议解决模式作为处理劳动争议所选取的制度环节，对于劳动争议的解决有着十分重要的作用。"劳动争议处理制度体现了国家的公共政策目的，这种公共政策不仅有利于提高经济效率，如保持劳资双方的合作关系，减少诉讼成本和其他经济损失，帮助雇员尽快稳定工作关系，同时也有利于减少劳资关系的不均衡，使雇员在传统争议解决机制中的不利地位得到一定程度的矫正。"① 我国所建立的劳动争议的非自力救济模式是以调解、仲裁、诉讼为主要环节的处理制度。调解可以是企业内部调解、基层人民调解和乡镇街道设立的具有劳动该争议调解职能的组织调解，其中仍以企业内部调解为主，由工会作为中立第三方负责进行，但工会的独立性一直受到质疑，对劳动争议的有效解决作用有限。仲裁是由劳动行政部门主导的纠纷解决模式，是劳动诉讼强制性的前置程序，对于仲裁结果仍然不服的劳动纠纷方才能提起劳动诉讼。

在这样的劳动争议解决模式下审视劳动仲裁时效制度，其重要性可见一斑。一方面劳动仲裁时效制度的设置会直接影响到劳动诉讼权利的行使。一旦在法定的仲裁时效内没能提起劳动仲裁，则劳动争议的当事人丧失掉提起劳动诉讼的权利，因此时效期间设置的长短以及中止、中断事项就极为重要。另一方面，由于法律对劳动争议的裁决设置了一裁两审的程序，因此从程序设置的角度来看，劳动争议的解决周期会比一般的民事争议的解决周期长，而劳动关系关乎劳动者生存的基本权益，如果长期处于一种不确定的状态则会给劳动者带来极大的不安定感，影响基本的生活水平。基于以上两个层面的原因，劳动仲裁时效制度设计必须结合劳动争议解决模式进行总体的考虑。

---

① 谢增毅. 我国劳动争议处理的理念、制度与挑战［J］. 法学研究，2008，30（5）：99.

二、应对式立法思维带来的"断裂化"弊端

管窥劳动仲裁时效制度的历史发展与背景，可以看出劳动立法在应对上述五种因素变化中所做出的努力。法律作为调整社会关系的规范，理应回应社会现实变迁对法律制度的需求，这也是良法善治的基本判定标准。

但如果结合我国经济社会发展的历史进程仔细分析上述影响因素的逻辑关系，却不难在另一角度提出对劳动立法合理性的质疑。如前所述，在改革开放的四十余年间，由国家力量进行引导的经济变革是国家发展的主要核心，由此经济政策是劳动立法的先决条件，而劳动立法则成了服务于经济发展的辅助品，如由经济制度变革带来的劳动者社会地位的巨大变迁等现实情况却不能成为立法考量的基础性社会关系。① 于是劳动立法变动就展示出一种"打地鼠"式的动画景象——针对经济发展中被突显出来的典型问题不断地亡羊补牢，在法律制度发展层面也就相应地带来"断裂化"的呈现。劳动仲裁时效制度的发展变化，就是这一"断裂化"弊端的有效印证。

（一）劳动仲裁时效具体规定反复摆荡

我国劳动争议仲裁时效法律制度历经多次修改，但其中一些主要规定的变化并非线性的，而是出现了前后制度的多次反复和摆荡，这种立法现象及其发展轨迹不仅带来对制度修改科学性的质疑，也增加了制度认知和实施的成本。

一是仲裁时效起算点。在上述的四部规范中历经了"争议发生之日起"——"知道或者应当知道其权利被侵害之日起"——"争议发生之日起"——"知道或者应当知道其权利被侵害之日起"的变化。二是仲裁时效适用情形的类别化的规定。这样的规定的意义有助于区分劳动争议类型的不同设置不同的时效制度，相对是更为细致和合理的。但在制度变迁的过程中，暂行条例时期已经考虑到这种制度的合理性，区分了因履行劳动合同和因开除、除名、辞退违纪职工发生的两种劳动争议类型；而后在处理条例和劳动法时期，却取消了区分劳动争议类型的做法，统一适用仲裁时效的期间；劳动争议调解

---

① 直至今日这种思维也一直存续并形成较大的影响力，较好的例证是围绕着解决中国经济下行的压力，一些经济学家和经济职能部门的官员纷纷痛批劳动合同法的实施是造成这一问题的重要元凶。

仲裁法在修订时，又重新接纳了仲裁时效适用情形的类别化的思维，提出因拖欠劳动报酬所引发的争议在仲裁时效上的特殊规定。三是劳动仲裁时效的期间。劳动仲裁时效期间的长短直接影响劳动争议诉诸司法保护请求权的期限，因此对争议当事人来说十分重要。这一规定同样也经历了多次的摇摆，从"60日"到"6个月"，再到"60日"而后改为"1年"。即便劳动争议调解仲裁法最后将劳动仲裁时效期间扩展为1年，认为劳动仲裁时效期间过短的声音也一直存在，但回首立法过程竟然发生了将期间由扩展后也不算长的"6个月"改回到"60日"的做法，这种断裂式立法思维的合理性实在令人难以认同。

从历史的角度来看，中国劳动关系与中国经济改革的进程而行。有学者认为，我们国家在向市场经济成功转型倚赖的是一种渐进式的方式，因其具有渐进式改革的特征化事实。这些特征化的事实给我们描绘了中国经济改革的大致脉络。从战略角度来看，"走一步看一步"和"摸着石头过河"的发展战略，使经济变革并确定没有严格意义上连续不变的改革目标，也就缺乏由此所需要的事先规划好的蓝图；从整个改革的路径来看，中国经济改革按照"从简单到复杂"的顺序和双轨制的模式进行，以渐变的方式取得良好的改革效果；从改革实现的方式来看，以实验的方式来推行改革，允许地域差异的存在，在地方政府实验成功之后加以全国推行；从改革的历史进程来看，中国经济改革是一个走走停停的变革过程，"在推进阶段，一些重要的甚至激进的措施都被付诸实践。在停滞阶段，部分已经实施的措施被撤销了。在大多数的周期中，后退的措施要少于推进的措施，因此变化总是会逐步地出现。最终的结果是，整个经济体系正在向市场经济迈进"①。以上描述为准确认识劳动仲裁时效立法上的反复摆荡提供一个阐明的注脚，其印证了劳动立法辅助经济变革的功能定位。但与此同时不能忽视的是，正如前文所示，经济改革的渐进式特征决定了经济政策极大的灵活性和变动性，但是政策的变动性和法律的稳定性、延续性之间并不冲突，在经济改革政策功能尚未获得合理性认同时，劳动立法并不应该将其作为立法功能实现所考虑的参照。从另一方面来看，即便在走走停停的改革过程中存在着一些停滞时期，甚至少部分改革措施会被撤销。但从整体来看，中国经济改革仍然朝着市场经济的方向不

①　张维迎.市场的逻辑：增订版［M］.上海：上海人民出版社，2012：156-165.

断迈进，整体呈现的是一种线性发展规律，只是在不同的发展阶段显现出的关键性问题不同，因此法律本身稳定性的属性呼唤对社会问题的法律调整也应该遵循一种线性、日臻合理的调整模式。"法律虽然应该与时俱进，不断发展，但从本质上说，法律应该是倾向于保守的。法律的朝令夕改、变化莫测必然会减损法律的权威和信仰。正确处理法律的稳定和变革的关系是法治发展'变与不变'的辩证法，是维系法律先进性和权威性的关键所在。"① 因此，法律制度的发展应该把握调整对象发展的脉搏和规律，以适当的前瞻性平衡法律在稳定性与变动性之间的矛盾，而不能将法律制度作为服务经济政策的附属品，牺牲法律自身发展的延续性。

（二）劳动实体法与程序法立法理念"咬合不齐"

劳动法作为社会法的重要组成部分，以倾斜保护劳动者这一弱势群体利益为法律原则，已成为学界公认的事实。这一原则在劳动实体法的立法过程中有着鲜明的体现，但是在解决劳动争议的程序法中是否也应当以倾斜保护劳动者作为立法原则呢？在认知上可能存在如下挑战。

一是劳动关系被认为兼具平等性和隶属性特征。

> 现代劳动关系是在劳动力产权基础上产生的，因此，平等属性构成了劳动关系产生的基本条件，即劳动者与用人单位在平等的法律地位上，通过平等、自愿、协商一致的原则建立劳动合同关系。这种平等性要求立法上的平等、司法上的平等和法律适用上的平等。②

由此劳动争议程序法在解决劳动纠纷时，面对的是基于平等地位的用人单位和劳动者，无须再倾斜保护劳动者。二是劳动争议调解仲裁法本身属于程序法，本身应当以保护当事人在程序上的平等为原则，因此在强调法院在两者之间中立的同时，应当保障所有劳动争议当事人的利益。这样的立法理念明显反映在劳动争议调解仲裁法的第一条关于立法目的之规定："为了公正

---

① 冯彦君.关于"法律信仰"的遐思与追问［J］.东北师大学报（哲学社会科学版），2015（5）：10.

② 常凯.劳动合同立法理论难点解析［M］.北京：中国劳动社会保障出版社，2008：55.

及时解决劳动争议，保护当事人合法权益，促进劳动关系和谐稳定，制定本法。"对此，立法机关给出的意见是：

> 一方面，本法作为一部程序法，程序法的性质决定了必须要平等保护双方当事人在程序上的合法权利，因此，将本法的立法目的定位在"保护当事人的合法权益"是适当的；另一方面，考虑到劳动争议的双方——用人单位和劳动者的实际地位不平等，劳动者作为弱势一方，应当予以适当倾斜性保护，在这方面可以在"对调解协议申请支付令""一裁终局"等一些具体的程序制度的设计上有所体现，但在立法目的上不宜只规定"保护劳动者的合法权益"①。

对于以上立场可以提出异议的是，正如立法机关认识到的那样，劳动关系在具有平等性的同时也具有隶属性。

> 正如恩格斯在《论权威》一书中所论，大工厂是以"进了工厂大门放弃一切自治"。这种单方面的管理性、支配性、控制性，构成了现代劳动法所调整的劳动关系的基本特点。也正是基于此，法律的任务只是在认可这种单方面的管理权威的同时，限制这种可能导致因私欲而给劳动者造成的非正义的损害。②

从这一层面上来说，劳动程序法正可被视作限制用人单位单方面管理权威滥用的法律保障。

从劳动关系角度来看，用人单位基于其强势地位，能够在用工关系中通过行使管理权达到支配控制劳动者的目的。③因此当劳动者违反用人单位的管理意志时，用人单位可以通过内部管理程序对劳动者采取岗位待遇等方面

---

① 李援.《中华人民共和国劳动争议调解仲裁法》条文释义与案例精解［M］. 北京：中国民主法制出版社，2012：16.

② 常凯. 劳动合同立法理论难点解析［M］. 北京：中国劳动社会保障出版社，2008：55-56.

③ 根据用工关系中出现的不同情形，用人单位可以通过诸如训诫、罚款、停职和解雇等方式对劳动者进行管理。其中除了解雇的情形条件在劳动合同法中有明确规定，其他的管理手段用人单位都可以通过劳动规章等内部管理性文件，较为自由的决定使用。

的处置，除了劳动者离职等导致无法行使管理权的情形外，绝大多数情况下，用人单位无须借助劳动程序法来解决其与劳动者之间的纠纷争议。同时，由于我国企业工会组织功能的弱化，[①] 并不能有效帮助劳动者与企业之间形成公正解决劳资纠纷的对等性，这也进一步维持了用人单位在仲裁与诉讼程序中的强势地位。

从事实角度来看，图 1.1 所反映的数据展示劳动者申诉案件都要占到当期劳动争议案件受理数的 90% 以上，印证了劳动者是主动利用劳动争议程序法保障自身利益的绝大多数，而且从受理劳动争议案件劳动者当事人数来看，有数据统计的 2012—2016 年，每年都有超过 80 万以上的劳动者希望借助程序法解决自身权益受损的情况，人数之多、影响之广不可忽视。

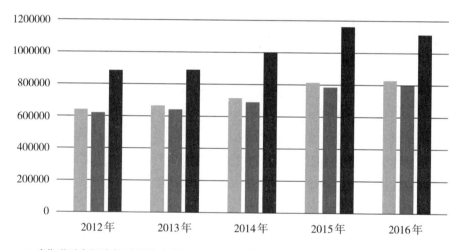

■ 当期劳动争议案件受理数（件）　　　　■ 当期受理劳动者申诉案件数（件）
■ 受理劳动争议案件劳动者当事人数（人）

图 1.1　2012—2016 年当期受理劳动者申诉案件数（件）、当期受理劳动者申诉
　　　　案件数（件）、受理劳动争议案件劳动者当事人数（人）

资料来源：国家统计局网站

[①] 我国工会组织本身在社会地位远比用工单位及其协会高得多，但由于工会职能在实践中发生了异化，从工人利益代表组织或维权组织的制度设置，渐渐转变为发挥"为职工谋福利"的实际功能。在劳动争议处理过程中，很少看到工会作为劳动者维权的有力支撑，这成为无形中固化中国劳动者弱者地位的无奈事实。

可以看出，虽然劳动争议调解仲裁法被定位为平等保护劳资双方利益之法，但是真正主动适用该法用以维权的90%以上都是处于弱势地位的劳动者，劳动仲裁时效制度作为启动劳动争议的司法解决的前置程序，在时效期间上坚持采用短时效制度，给劳动者维护自身权益设置了障碍，而对用人单位来说则影响甚微。短时效设置的立法原意是希望尽快解决劳动争议，但在劳动争议调解仲裁法之前的时效规定里，并没有规定中断、中止情形，不但会造成维权上的困难，更重要的是压缩了当事人通过和解、调解等其他方式解决纠纷的时间，增加了司法单位的办案压力。根本上造成劳动争议解决周期长的原因，也许并不在时效期间的长短，而是劳动争议处理程序的设置。而立法者并非没有考虑到劳动者的弱势地位，只是因为程序法的认识，就将立法目的设置为保护劳资双方权益，不仅割裂了劳动程序法和实体法所形成的劳动法律体系关系，造成学理认知上的冲突，而且没有认识到用人单位所具有的团体、信息等优势并不会因为进入仲裁和诉讼程序而消失，劳动者在劳动争议程序中仍然处于弱势地位。"人们认为法律的目的是什么，在人们所假定的以及他们据以行为的假设背后，是否有某种观念，的确有助于他们正试图要做的事情，即维护、促进和传送文明。"① 而即便是程序法，就一定要设置为平等保护双方当事人的权利吗？就程序法与实体法的关系，功利主义法学理论的鼻祖边沁认为"实体法的唯一正当目的，是最大限度地增加最大多数社会成员的幸福""程序法的唯一正当目的，则为最大限度地实现实体法""程序法的最终有用性要取决于实体法的有用性……除非实体法能够实现社会的最大幸福，否则程序法就无法实现同一目的"②。边沁主张的程序工具主义理论认为，

　　法律程序不是作为自主和独立的实体而存在的，它没有任何可以在其内在品质上找到合理性和正当性的因素，它本身不是目的，而是用以实现某种外在目的工具或手段……法律程序作为用以确保实体法实施的

① 庞德. 通过法律的社会控制 [M]. 沈宗灵，译. 北京：商务印书馆，2010：18.

② POSTEMA G J. The Principle of Utility and the Law of Procedure：Bentham's Theory of Adjudication [J]. Georgia Law Review，1977(11).

陈瑞华. 程序价值理论的四个模式 [J]. 中外法学，1996(2)：1.

工具，只有在具备产生符合正义、秩序、安全和社会公共福利等标准的实体结果的能力时才富有意义。一项法律程序无论被设计得多么合理和精致，只要它不具备这种能力，就将失去其存在的意义。①

我国行政诉讼法也完美地诠释了程序法对实体法价值的实现功能，其第一条规定："为保证人民法院公正、及时审理行政案件，解决行政争议，保护公民、法人和其他组织的合法权益，监督行政机关依法行使职权，根据宪法，制定本法。"与行政实体法一致，都将限制行政权力的行使作为立法目的，认识到行政相对人在行政实体法和程序法中都具有的不对等地位，保持了行政法价值的一致性。同时，将立法目的定位为维护劳资双方利益，但是在制度设计中又凸显"对调解协议申请支付令""一裁终局"等对劳动者的倾斜保护，也给人以立法目的和制度设计之间的断裂之感。而即便设置了"一裁终局"等后置程序，但是在前置的劳动仲裁时效制度严苛规定下，如何保障劳动者能够跨过高门槛障碍，得以进入之后的保护程序呢？

综上可见，将劳动争议调解仲裁法认定为程序法，就将劳动程序法的立法目的定义为平等保护当事人；希望在时间上尽快解决劳动争议，就相应采取短时效在时间程序上下功夫；若要保护劳动者就不惜与立法目的相背离设置特殊制度，而无视时效制度启动门槛的高低。这些都再一次证明了劳动立法上的应对式思维因欠缺全局化的思考而带来的断裂化弊端。

（三）劳动仲裁制度与诉讼制度功能定位不清

立法设置了"一调一裁两审"的劳动争议处理程序，其原意是立足于劳动争议本身的特点，希望发挥调解和仲裁的替代性纠纷解决机制的柔性功能，达到维护劳动关系和谐，尽量减少劳动诉讼发生，减轻法院办案压力的立法目的，这也是许多学者秉持的学理认识。②据此，劳动争议调解仲裁法仍然延续了这一程序设置，劳动争议仲裁委员会同样以三方协调为机制，由劳动行

---

① 陈瑞华.程序价值理论的四个模式［J］.中外法学，1996（2）：1.

② 如谢增毅认为，建立劳动争议解决机制的思路应是尽量通过非诉程序，通过成本较低、速度较快的方式解决案件，避免劳动案件直接进入法院。这是建立特殊劳动争议解决方式的基本理念，也是我国选择合适的劳动争议解决模式应坚持的原则。
谢增毅.我国劳动争议处理的理念、制度与挑战［J］.法学研究，2008，30（5）：99.

政部门代表、工会代表和企业方面代表组成，希望借助劳动行政部门的主管职能在处理劳动争议的过程中发挥决定性作用。针对由此带来的劳动争议处理周期长的问题，规定了部分案件"一裁终局"来予以缓解。劳动诉讼则作为当事人最终的司法救济渠道，在当事人对仲裁裁决不服的情况下，可以向法院提起诉讼。①

"中国政府，尤其是立法机关在法律体系的认识和实践上首先表现出来的技术特征，是在基本思路上所呈现的理性主义的建构态度，在这种态度下，立法者从事和完成法律体系建设的能力和手段被肯定，经过事先的立法努力而达成自足圆满的法律体系的目标被确信——事在人为、志在必成。"②然而，对这种理性态度下所制定的法律是否能够满足社会关系调整的需要，仍需要在实践中进行检验。在法律实施的过程中去检视上述立法目的之实现，我们可以发现劳动仲裁作为劳动诉讼的前置程序所应当发挥的过滤劳动争议进入劳动诉讼程序的功能并不如期待的那样。如图 1.2 所示，在有数据统计的2007—2016年，几乎每年都有60%左右的经仲裁处理的案件又进入到诉讼阶段，如此之高比例的案件都经历了较长的解决时间，降低了我国劳动争议解决的效率。尤为明显的是，2007年有56%经仲裁处理的案件起诉到人民法院，而在劳动争议调解仲裁法实施后的2008年，这一比例增加到59%，2016年则上升到62%。可见，立法为减少劳动案件处理周期所做出的努力并没有取得现实的效果。

从制度体系的角度来分析上述问题，仍然可以发现应对式的立法思维所带来的断裂化弊端的种种痕迹。作为劳动争议的解决机制，每一组成部分的设计都应该设定阶段性的功能，并与下一环节之间具有接续性，以此形成层层过滤，公平高效的纠纷解决流程，但事实并非如此。首先，劳动仲裁虽被期待能够因仲裁机构可以不严格遵照法律做出仲裁裁决，易于生成被当事人接受的"新衡平法"③，但是由于政府部门代表直接参与讨论劳动争议案件，裁

---

① 信春鹰.关于《中华人民共和国劳动争议调解仲裁法（草案）》的说明：2007年8月26日在第十届全国人民代表大会常务委员会第二十九次会议上［R/OL］.中国人大网，2008-02-23.

② 张志铭.转型中国的法律体系建构［J］.中国法学，2009（2）：147-148.

③ 王斐民，李慈强.劳动争议"裁审机制"的问题检讨与协调之道：兼评《关于审理劳动争议案件适用法律若干问题的解释（四）》［J］.政治与法律，2013（4）：40.

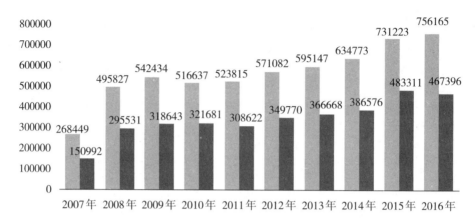

图1.2　2007—2016年仲裁（调解、裁决）争议案件处理数（件）、人民法院审理劳动争议一审案件收案数（件）

资料来源：国家统计局网站

决必须服从政府部门的意见，而立法忽视了政府部门并非完全中立的第三方，其有可能基于社会稳定或招商引资等自身特殊利益考虑，并不能从争议当事人的角度出发，形成公平正义的仲裁结果，造成当事人会进一步向法院起诉的情形。其次，劳动争议调解仲裁法虽然希望借助"一裁终局"制度缩短特定劳动争议解决周期长的问题，但是考虑到不一定都有利于保护劳动者的合法权益，于是该法第四十八和第四十九条规定，对于一裁终局的裁决，劳动者不服的，可以自收到仲裁裁决书之日起十五日内向人民法院提起诉讼。用人单位则可在认为有程序违法事项时提起诉讼。造成所谓"一裁终局"并非真正的终局的尴尬局面，也丧失了制度设置的原本价值。[1]最后，劳动争议的仲裁与审判之间的协调性不够，没有很好地实现裁审对接。

---

[1]　有调查问卷就仲裁员对一裁终局制度的主观评价进行调研发现："一裁终局制度的实施效果并不理想"这一陈述的均值为2.71，在一裁终局评价量表中得分最低，而且态度差异也较大。有8.9%的人表示"非常同意"，38.3%的人表示"同意"，合计共有47.2%的人持消极评价；"非常不同意"和"不同意"的有24.7%，即合计只有不到四分之一的人持积极评价。

同一劳动争议案件经过仲裁程序进入诉讼后，无论先前的仲裁裁决合法、公正与否，法院置其于全然不顾，审判程序重新开始，法院不是调取劳动仲裁机构已经取得的证据，而是另行取证，案件处理时间较长，程序过于烦琐，增加当事人的"讼累"，加重审判负担。此外，由于劳动仲裁机构和法院适用法律不统一，法院经常做出与仲裁裁决不一致甚至截然相反的判决，从而引起"裁审脱节"的现象。这不仅影响了仲裁和审判对于调整劳动关系导向功能的一致性，也大大降低了仲裁的公信力，导致仲裁进一步被虚化。①

这些都反映了立法在形成的过程中，没有体系化地思考如何有效优化劳动争议解决的机制与流程，在以问题为导向的应对过程中，一边打补丁，一边担心造成新的漏洞，于是不断地修修补补，使技术功能无法施展而问题依旧。

在这种立法思维下，劳动仲裁时效制度也呈现出断裂化的问题。首先，劳动仲裁作为一种诉讼前置程序，其设置是希望以替代诉讼的纠纷解决机制解决纠纷，将诉讼作为最后的救济手段，因此从功能上来说，"劳动仲裁只是暂时限制当事人自由地行使裁判请求权中的诉诸法院的权利，诉讼前置程序的设置不会排斥当事人裁判请求权的实现，一旦诉讼前置程序无法解决纠纷时，当事人即可以诉诸法院"②。但是本应柔性的规则却涂抹了过多强硬的色彩，与法院不主动审查诉讼时效的规则相反，2009年的《劳动人事争议仲裁办案规则》中规定，超出规定的仲裁审查申请期间的劳动争议，仲裁委员会不予受理，赋予了劳动仲裁委员会主动审查仲裁时效的权力。虽然这一规定在2017年修订时被删除，③但是实践中对于劳动仲裁委员会是否仍享有仲裁时

---

① 王斐民，李慈强. 劳动争议"裁审机制"的问题检讨与协调之道：兼评《关于审理劳动争议案件适用法律若干问题的解释（四）》[J]. 政治与法律，2013（4）：35.

② 刘敏. 论民事诉讼前置程序 [J]. 中国法学，2011（6）：112.

③ 新的《劳动人事争议仲裁办案规则》第三十条中，将原来规定的符合仲裁委员会受案条件中的"在申请仲裁的法定时效期间内"的规定予以删除。

效的主动审查权仍存在理论争议和实践差异，①可见强约束的影响之深。其次，与民事诉讼时效相比，劳动仲裁时效一直存在期间过短的问题。在民法通则时期，其规定的特殊短期时效也有1年之久，而劳动仲裁时效却长期在60日和6个月之间摆荡。随着我国经济社会的发展，社会情形更为复杂化。在这种背景下，民事诉讼的2年时效期间被认为过短不利于保护民事权利，因此民法总则在修订时，不仅增加民事诉讼时效期间为3年，还考虑到无民事行为能力人或者限制民事行为能力人对其法定代理人的请求权以及未成年人对性侵害损害赔偿请求权等行使不利的情形，做出宽松性的规定。同时还规定了一些特定请求权不适用诉讼时效，总体体现了扩展时效期间以更有效保护民事权利的立法思维。劳动仲裁作为劳动诉讼的前置程序，具有"案件数量持续大幅上升，争议案件日趋复杂，争议内容日益多样化，调处难度加大"的特点。决定劳动诉讼能否被受理的劳动仲裁时效的1年期间，是否应该同步予以扩展，是一个值得再次考量的问题。

　　作为一种督促劳动争议当事人（多数为劳动者）积极寻求准司法救济的手段，劳动仲裁时效制度应立足于制度功能本身来设定，而不应该成为应对劳动争议解决周期过长问题的对策。这种应对式的立法思维，会造成以牺牲当事人的司法救济权为代价来解决劳动争议解决周期过长的问题。无论劳动仲裁时效规定的长还是短，劳动仲裁作为诉讼的强制前置程序，会造成劳动争议的实质"三审"，这才是造成劳动争议解决的周期较一般民事争议解决的周期过长的根本原因所在。也许正是基于这样的考量，2009年，第十一届全国人民代表大会常务委员会第十次会议做出《全国人民代表大会常务委员会关于修改部分法律的决定》后，劳动法修订时，并未涉及其第八十二条中的

---

① 这种观点认为，新办案规则删除了"在申请仲裁的法定时效期间内"的规定，只是明确了仲裁机构不能再以"不在申请仲裁的法定时效期间内"不予受理。并没有明确仲裁机构在审理案件时不能主动审查时效直接以时效驳回。因此受理案件后，仲裁机构在审理案件时可以主动审查仲裁时效。另一种观点认为，新办案规则删除了"在申请仲裁的法定时效期间内"的规定，也就删除了法律赋予仲裁机构对仲裁时效的释明权，仲裁机构对仲裁时效的审查在被申请人提出时效抗辩时方可进行审查。
白宁.仲裁机构是否还具有仲裁时效的主动审查权［J］.劳动和社会保障法规政策专刊，2018（3）：37.
陈丽.节约仲裁资源保持公正公平［J］.劳动和社会保障法规政策专刊，2018（3）：9.

60日的仲裁时效，这样的结果也十分值得思考。

第三节 小结

以历史发展为视角，通过分析不同的时代背景下我国劳动仲裁时效制度变迁，可以发现立法上的应对性思维模式。这种应对性立法思维，一方面具有法律解决社会问题的恰当性，另一方面也因过度追求服务经济变革的需要而丧失了体系化和延续性，造成断裂化发展的问题。

党的十九大提出，中国特色社会主义进入新时代，我国社会主要矛盾已经转化为人民日益增长的美好生活需要和不平衡不充分的发展之间的矛盾。从历史社会法学的角度来看，劳动法作为保护弱者之法，如何回应新时代的要求成为立法者应该思考的重要问题。

在这样的逻辑下去看待劳动仲裁时效制度的变革，不应再仅从技术角度考虑如何扩缩，而是应当立足于我国现阶段劳动争议越来越复杂的现实情况，确信劳动程序法也应具有的倾斜保护劳动者的价值追求，明确劳动者作为主要行使劳动权益保护请求权的一方，降低劳动仲裁时效制度在解决劳动争议问题上设立的门槛，明确弱化强消灭和短时效的刚性约束。不能以应对式的思维，希望通过时效制度来过滤劳动争议的司法救济，降低劳动争议案件数量和缩短争议解决的时长。而是应该以"系统演进"的立法思维替代"应对式"立法思维，切实面对造成上述问题产生的根本在于我国劳动争议解决机制之间的不流畅和不协调的真相，真正发挥调解仲裁等替代性解决机制的柔性功能，确保劳动诉讼的最后救济功能得以实现，才是解决问题的根本所在。

第二章

劳动仲裁时效的制度表达与本质探析

劳动争议调解仲裁法第二十七条规定了劳动争议仲裁时效的相关内容，在该条款中，明确以"仲裁时效"指代劳动争议申请仲裁的期间，并在此基础上规定了时效的起算点、中断中止情形以及特殊仲裁时效适用等组成规则。这是立法层面就劳动仲裁时效规定的最为明确、最细致的一次规定，给法律适用带来了相对具体的规则指引。然而在法律实践中，劳动仲裁时效制度所引发的问题仍然存在，并且成为劳动司法过程中的疑难问题，屡屡需要有权机关以适用解答等方式才能在各地区内部达到司法统一。造成这一问题的原因是多方面的，但从文本入手是解决问题最直接和最基础的方式，因此本章试图从立法技术的面向去思考这一问题，以"劳动仲裁时效"之名被立法接纳的历史源流入手探讨立法初衷，通过总结法律适用的具体困境揭示导致相关问题的立法技术原因，并在此基础上就如何化解困境提出立法路径的相关探讨。

第一节 "劳动仲裁时效"名之缘起和演变

"法律概念通常被认为是组成法律规定或整套法律的基本单位。法律概念与法律体系之间如同由原子组成分子，再由一种或由多种分子混合或化合组成各色各样的物质，而后由这些物质组成整个大千世界。"[1]作为劳动争议当事

---

① 黄茂荣.论民法中的法理 [J]. 北方法学，2018，12（3）：6.

人向有权机构申请仲裁的有效期间，劳动仲裁时效的概念与劳动争议解决机制相伴随。如前章所述，有关劳动仲裁时效的法律规范主要历经了我国在市场经济改革的不同时期的四个劳动争议解决相关的立法阶段。依照这些规范文件中与"仲裁时效"相关的条款，将其相关表述整理如表2.1所示。

第二节　劳动仲裁时效的制度表达的"诉讼时效化"立法趋势

从以上的总结可以看出，劳动仲裁时效的制度表达越来越呈现"诉讼时效化"的趋势，在立法层次、法律属性和制度内容上都逐渐向诉讼时效制度靠拢。

一、法律层级的诉讼时效化

劳动仲裁时效的主要制度规范效力层级提升，从行政法规上升到法律层次，对劳动关系的调整产生了从行政管制化向法治化变动。改革开放之后，在市场化、工业化与城镇化的社会现实背景下，劳动用工制度发生了巨大转变。随着国企劳动合同制的普遍实施，各类组织劳动关系市场契约化发展趋向明显，劳动关系逐渐由国家对劳动者行政隶属的命令服从型，向契约化、社会化的市场雇佣关系转变。政府对劳动关系的干预模式逐渐从"微观行政包办"转向"宏观法规调控"。数十年来，通过循序渐进的改革和调整，政府角色和职能有了很大改变，使当代中国劳动关系逐渐摆脱行政随机干预、微观管控，走上在劳动力市场上双向自主选择而形成、以契约化规范为基础运作、通过实施法治化宏观调控实现和谐发展的正常道路。[①] 在这一过程中，裁决劳动争议被明确为政府在劳动关系中的主要责任之一。1993年，劳动部《关于建立社会主义市场经济体制时期劳动体制改革总体设想》中提出，建立健全劳动关系调整制度的基础是劳动关系的法制化，要制定和完善各种规范劳

---

① 李宝元，董青，仇勇，等.百年中国劳动关系演化的基本路径及走势[J].经济理论与经济管理，2015（6）：75–78.

表2.1　四个立法阶段劳动仲裁时效的制度表达

时期	规范名称	实施时间	发布部门	效力级别	期间称谓	期间长短	起算点	中止	中断	延长
暂行规定时期	国营企业劳动争议处理暂行规定①	1987.08.15	国务院	行政法规	—	60日/30日/15日	争议发生之日/调解不成之日/企业处理决定之日公布之日	—	—	—
处理条例时期	中华人民共和国企业劳动争议处理条例②	1993.08.01	国务院	行政法规	仲裁时效	6个月	知道或者应当知道其权利被侵害之日	—	—	不可抗力/其他正当理由
劳动法时期	中华人民共和国劳动法③	1995.01.01	全国人大常委会	法律	—	60日	劳动争议发生之日	—	—	—

① 其与"仲裁时效"有关的规定见于第十六条：当事人向仲裁委员会申请仲裁，应当提交书面申请。属于本规定第二条第一项的劳动争议（因履行劳动合同发生的争议），当事人应当从争议发生之日起六十日内，或者从调解不成之日起三十日内，向仲裁委员会提出。属于本规定第二条第二项的劳动争议（因开除、除名、辞退违纪职工发生的争议），当事人应当自企业公布处理决定之日起十五日内向当地仲裁委员会提出。

② 其与"仲裁时效"有关的规定见于第二十三条：当事人应当从知道或者应当知道其权利被侵害之日起六个月内，以书面形式向仲裁委员会申请仲裁。当事人因不可抗力或者有其他正当理由超过前款规定的申请仲裁时效的，仲裁委员会应当受理。

③ 其与"仲裁时效"有关的规定见于第八十二条："提出仲裁要求的一方应当自劳动争议发生之日起六十日内向劳动争议仲裁委员会提出书面申请。

续表

时期	规范名称	实施时间	发布部门	效力级别	期间称谓	期间长短	起算点	中止	中断	延长
中华人民共和国劳动法时期	关于贯彻执行《中华人民共和国劳动法》若干问题的意见④	1995.08.04	原劳动部	部门规范性文件	仲裁申诉时效	—	知道或者应当知道其权利被侵害之日	申请劳动调解/申请劳动仲裁	—	—
	最高人民法院关于审理劳动争议案件适用法律若干问题的解释⑤	2001.04.30	最高人民法院	司法解释	仲裁申请期限	—	—	—	—	不可抗力/其他正当理由
	最高人民法院关于审理劳动争议案件适用法律若干问题的解释（二）⑥	2006.10.01	最高人民法院	司法解释	申请仲裁期间	—	—	不可抗力/其他客观原因	向对方当事人主张权利；向有关部门请求权利救济；对方当事人同意履行义务。	—

④ 其与"仲裁时效"有关的规定主要集中于以下三条规定：第八十五条："劳动争议发生之日"是指当事人知道或者应当知道其权利被侵害之日。第八十九条：劳动争议当事人向企业劳动争议调解委员会申请调解，从当事人提出申请之日起，仲裁申诉时效应当中止。企业劳动争议调解委员会应当在30日内结束调解，即申请中止期间最长不得超过30日。调解超过30日的，申请时效从30日后的第一天续计算。第九十条：劳动争议当事人从仲裁委员会收到办事机构未予受理的期间应视为时效中止。当事人从申请至受理的期间应同视为时效中止，应及时通知当事人。

⑤ 其与"仲裁时效"有关的规定见于第三条：劳动争议仲裁委员会根据劳动法第八十二条规定，以当事人的仲裁申请超过60日期限为由，做出不予受理的书面裁决、决定或通知，当事人不服，依法向人民法院起诉的，人民法院应当受理；对确已超过仲裁申请期限，又无不可抗力或者其他正当理由的，依法驳回其诉讼请求。

⑥ 其与"仲裁时效"有关的规定见于第十二条：当事人申请仲裁的原因因消灭之次日计算。从中止的原因消除中止，申请仲裁期间在申请仲裁期间内因不可抗力或者其他客观原因无法申请仲裁的，人民法院应当认定申请仲裁期间连续计算。第十三条：当事人能够证明在申请仲裁期间内具有下列情形之一的，申请仲裁期间中断：（一）向对方当事人主张权利；（二）向有关部门请求权利救济；（三）对方当事人同意履行义务。申请仲裁期间中断的，从对方当事人明确拒绝履行义务，或者有关部门作出处理决定不予处理时起，申请仲裁期间重新计算。

续表

时期	规范名称	实施时间	发布部门	效力级别	期间称谓	期间长短	起算点	中止	中断	延长
劳动争议调解仲裁法时期	中华人民共和国劳动争议调解仲裁法⑦	2008.05.01	全国人大常委会	法律	仲裁时效	一年	知道或者应当知道其权利被侵害之日	不可抗力/有其他正当理由	向对方当事人主张权利；向有关部门请求权利救济；对方当事人同意履行义务。	劳动关系存续期间因拖欠劳动报酬争议
	劳动人事争议仲裁办案规则⑧	2017.07.01	人力资源和社会保障部	部门规章	仲裁时效	一年	—	不可抗力/有无民事行为能力或者限制民事行为能力的法定人等的代理人未确定等其他正当理由	一方当事人通过协商、申请调解等方式向对方当事人主张权利的；一方当事人通过向有关部门投诉，向仲裁委员会申请仲裁，向人民法院起诉或者申请支付令等方式请求权利救济的；对方当事人同意履行义务的。	—

---

⑦ 其与"仲裁时效"有关的规定见于第二十七条："仲裁时效"劳动争议申请仲裁的时效期间为一年。仲裁时效期间从当事人知道或者应当知道其权利被侵害之日起计算。前款规定的仲裁时效，因当事人一方向对方当事人主张权利，或者向有关部门请求救济，或者对方当事人同意履行义务而中断。从中断时起，仲裁时效期间重新计算。因不可抗力或者有其他正当理由，当事人不能在本条第一款规定的仲裁时效期间申请仲裁的，仲裁时效中止。从中止时效的原因消除之日起，仲裁时效期间继续计算。但是，劳动关系存续期间因拖欠劳动报酬发生争议的，劳动者申请仲裁不受本条第一款规定的仲裁时效期间的限制；但是，劳动关系终止的，应当自劳动关系终止之日起一年内提出。

⑧ 其与"仲裁时效"有关的规定见于第二十六条：本规则第二条第（一）、（三）、（四）、（五）项规定的争议，申请仲裁的时效适用本条有关规定。申请仲裁的时效期间为一年。仲裁时效期间从当事人知道或者应当知道其权利被侵害之日起计算。本规则第二条第（二）项规定的争议，申请仲裁的时效期间适用公务员法有关规定。第二十七条：在申请仲裁的时效期间内，有下列情形之一的，仲裁时效中断，向仲裁委员会重新计算。（一）一方当事人通过协商、申请调解等方式向对方当事人主张权利的；（二）一方当事人通过向有关部门投诉，向仲裁委员会申请仲裁，向人民法院起诉或者申请支付令等方式请求权利救济的；（三）对方当事人同意履行义务的。从中断时起，仲裁时效期间重新计算。第二十八条：因不可抗力，或者有无民事行为能力或者限制民事行为能力的当事人没有法定代理人等其他正当理由，当事人不能在规定的仲裁时效期间申请仲裁的，仲裁时效中止。从中止时效的原因消除之日起，仲裁时效期间继续计算。

动关系的法律法规，确立劳动关系的运行规范。其中劳动争议处理制度是劳动关系调整的重要手段，要进一步加强劳动仲裁机构的建设，逐步成为准司法或司法性机构，建立起适应市场经济体制要求的劳动争议处理制度，将劳动争议处理纳入法制管理轨道。劳动仲裁时效制度伴随着劳动法治的进程，规范效力等级逐步提高，制度内容不断丰满，可操作性不断提高。在取得可喜进步的同时，因受历史及现实各种因素的制约，劳动仲裁时效制度仍然存在着一些不足。突出表现在劳动仲裁时效制度的体系化程度较低，制度之间缺乏有效衔接。如在劳动法时期，虽然法律层级的劳动法对仲裁时效做出了规定，但是其在仲裁阶段和诉讼阶段的适用，分别由劳动行政主管机构和最高司法机关做出了细化规定，这些规定之间存在着不一致的地方，且对于仲裁时效的适用阶段也产生了不一样的认识。而在劳动争议调解仲裁法时期，虽然劳动争议调解仲裁法对劳动仲裁时效做出了更为细致的规定，但规定在单纯的程序法中与之前规定在劳动法中，所产生的法律效果也不尽一致。

二、法律属性的诉讼时效化

对申请仲裁期间的法律表述不一致，体现出对期间的法律属性认识不一。除了暂行规定回避了对申请仲裁期间的法定称谓外，其他规范性文件使用了期日、时效、期限、期间等多种不一致描述，尤其最高人民法院在劳动法时期的两个司法解释，先后使用了"仲裁申请期限"和"申请仲裁期间"两种表述，直至现行劳动争议调解仲裁法确定了"仲裁时效"的称谓。这些表述的不一致，不仅对劳动争议申请仲裁期间制度造成理解上的困扰，也与相关概念在法律通识上的认知产生了混乱，在此需要予以厘清。

"法律关系属于观念的存在，本身不占据空间范围，却在时间结构中存在。无论是法律关系中的人——权利享有者，抑或法律关系的内容——权利，均被时间所规定，此即权利的时间属性。"[①] "期限""期间""时效"是法律上常见的基础性的名词和概念，用以表述与法律权利时间限制相关的制度和规范。从历史发展来看，时间相关的法律概念起源于罗马法，罗马法的法律制

---

① 朱庆育.民法总论［M］.北京：北京大学出版社，2013：518.

度传统被大陆法系承继，并在一定程度上影响英、美法系中的普通法。被称为"万法之法"的罗马法不仅是现代西方民法的源头，更对其他法律的产生和发展带来了深远的影响，与时间相关的概念在民法上得到了最全面的发展。程序法则以规范法定程序为重要目标，法律程序是"遵循法定的时限和时序并按照法定的方式和关系进行法律行为"①。因此法定时间成为法定程序的基本要素。基于劳动仲裁时效与二者之间存在的密切联系，可以借鉴民法和程序法中对相关时间概念的认识，厘清劳动仲裁时效概念性质的立法沿革。

期间与期日统称为时间。

> 所谓时间云者，即吾人因测量事实发生前后便宜上所规定的一种尺度也。所谓期日指不可分或视为不可分之一定日期而言……所谓期间，则指由一定日期至一定日期之继续时期……期间必有一定之长度，其开始之时，称为起算之时，或简称起算点。其终了之时，称为终止之时，或简称终止点。由起算点以迄于终止点，则称为期间之经过。②

因此期日是时间的静止，而期间是时间的一定动态长度。时间系重要的法律事实，举凡人的出生、死亡、权利能力、行为能力、公法上或私法上法律行为效力的发生与消灭等，皆与时间发生关系。③为了明确如何计算作为法律事实的时间，以维护法律行为效力的安定性和确定性，设置了期日及期间制度。期间依其作用不同，可以分为除斥期间和时效期间两种。除斥期间，是权利预定存续的期间，所以有时也称为"预定期间"，该期间经过后，权利当然消灭，并不得展期，故属于"不变期间"。除斥期间经常用来与消灭时效进行对比，二者的区别主要表现在立法精神上，除斥期间维护的是原有秩序，而消灭时效维护的则是与原秩序相反的新秩序。在实际适用层面，除斥期间无须当事人援用，法院也可以依职权引用，而消灭时效非经当事人援用，法院不得依职权引之为裁判资料；除斥期间届满的利益不许抛弃，而消灭时效

①　张文显. 法理学：第二版［M］. 北京：高等教育出版社，2003：155.

②　胡长清. 中国民法总论［M］. 北京：中国政法大学出版社，1997：341.

③　王泽鉴. 民法总则［M］. 北京：北京大学出版社，2009：404.

完成的利益可以抛弃；除斥期间因为属于不变期间，因此没有中止、中断以及不完成的情形，而消灭时效则反之；除斥期间的起算点没有一般规定，解释上自以其权利完全成立之时为起算点，而消灭时效之起算点则设有一般性规定，以请求权可行使或为行为时为起算点；除斥期间所消灭之权利多为形成权，而消灭时效所消灭之权利多为请求权。[①] 程序法上的期间指司法机关、当事人和其他诉讼参与人单独进行诉讼行为应当遵守的时间限制，分为法定期间和指定期间。指定期间由司法机关依职权指定，是可变期间，在特殊情况下可作变更。[②] 法定期间通常是不变期间，当事人出现法定期间耽误时，往往导致其丧失进行某种诉讼行为权利的法律后果。但如果耽误的是由于不能归责于本人的原因造成的，依照相关法律规定，当事人有权申请恢复期间，申请是否准许，由人民法院裁定。[③]

期限在民法上是指法律行为效力的发生或消灭，是于将来确定事实之附款。这一制度的确立，主要是因为任何人为法律行为，多基于对现状的认识及对其将来发展的预期。但因事物发展常出乎意料，为顺应当事人需要，法律按照私法自治的原则创设了期限制度。将法律行为效力的发生或消灭以将来确定发生的事实作为期限，由于其为当事人对其意思表示效力所附加的限制，构成意思表示（法律行为）的一部分，此类法律行为被称为附期限的法律行为，在制度功能上起到分配交易危险和引导相对人为特定行为的作用。[④]在表述时间的意义上，期限与期间具有相似性，[⑤] 但二者的区别是，

> 期间者乃时期之经过，综合事之始期与终期言之，即始期与终期之继续时期也；期限者乃时之计算，分别事之始期与终期言之。期限既到，则法律行为之效力，当发生者发生，当消灭者消灭，而期间则权利之变

① 郑玉波.民法总则［M］.北京：中国政法大学出版社，2003：493-494.

② 中国社会科学研究所法律辞典编委会.法律辞典：简明本［M］.北京：法律出版社，2004：490-491.

③ 比如民事诉讼法规定，当事人因不可抗拒的事由或者其他正当理由耽误期限的，在障碍消除后的十日内，可以申请顺延期限，是否准许，由人民法院决定。

④ 王泽鉴.民法总则［M］.北京：北京大学出版社，2009：346.

⑤ 民法上，有一种观点将期日与期间统称为期限。

动，受时之经过之影响者是也。质言之期限系从一端言之，即时之计算，期间从两端言之，即时之经过。①

期限对权利的影响，并非综合期间的起算点和终止点，而是看期限对法律行为的影响是产生还是消灭，附始期之法律行为，于期限届至时，发生效力；附终期之法律行为，于期限届满时，失去效力。程序法中，立法经常使用期限去表述期间的概念。由于程序法上的期间为限定法律程序的主体在规定时间的最后界限来临之前完成特定程序行为，有强调所限时间的最后界限之意，因此在具体规则的呈现上往往以"期限"表述程序法上的"期间"。

时效指

> 一定的事实状态，继续一定期间，而产生一定法律上效果的法律事实。所谓"一定的事实"，指权利的行使或不行使等情形。所谓"继续达一定期间"，指无所间断的若干岁月。所谓"发生一定法律效果"，指因而发生权利的取得或丧失。时效依其成立要件及效果，可分为取得时效及消灭时效两种。②

作为一种法律事实，当其产生取得权利的法律效果时，称为取得时效；而产生丧失权利请求权的法律效果时，称为消灭时效。时效虽亦为权利变动之原因，但与期日及期间不同的地方在于后者纯粹是时间问题，而时效除时间问题外，还须要有一定的事实状态与时间相配合才行，就消灭时效而言即为权利不行使一定时间灭失的后果。我国没有取得时效制度，在民法总则中以专章的形式规定了诉讼时效制度，被认为属于消灭时效。

在细致厘清了相关概念内涵之后，可以看出劳动仲裁时效历经的这些称谓，都是在程序性法律规范中对申请劳动仲裁在时间上的法定限制，都呈现出权利变动的法律效果。但是，这些不同的称谓从历时性角度反映了对申请

① 郑玉波.民法总则［M］.北京：中国政法大学出版社，2003：477.
② 王泽鉴.民法总则［M］.北京：北京大学出版社，2009：409.

仲裁期间的属性认识的不统一；从共时性的角度，则反映了劳动立法在法律层级多元分散的背景下，很长一个历史时期里缺乏对劳动仲裁时效制度的体系化规定，导致法律、行政法规与司法解释对同一法律事实在具体要素、制度功能、作用机制、法律效果上的认识存在较大差异。

三、制度内容的诉讼时效化

劳动仲裁时效制度在内容上逐渐向诉讼时效靠近，也愈加重视最高法司法解释秉持的观点。暂行规定中未使用时间概念对申请仲裁的期间进行表述，三类情形下劳动争议仲裁的提请时间既与劳动争议类型相关，又与其所处的劳动争议解决阶段差异相关，因此表现出强烈的程序期限性。另外虽然规定了仲裁提起的起点与终点，但未进一步明确超过仲裁申请期限的法律后果，且属于不变期间，在性质上更偏向为劳动争议当事人向仲裁委员会提起仲裁的法定期间。

处理条例与暂行规定相比，直接将申请劳动仲裁的期间称为"申请仲裁时效"，将可以行使权利的时间计算为起算点，规定不可抗力和正当理由使期间成为可变期间，具备时效的部分特征。但与此同时，也有观点从法律效果的角度认为该期间应为除斥期间，理由是对超过仲裁时效的，无论是从法律规定反推还是审视仲裁实践，劳动仲裁委员都不应受理。超过仲裁时效而不受理即表明没有了诉权。权利因在一定期间不行使而消灭是除斥期间的最大特点。[①]

在劳动法时期，作为调整劳动关系的法律层级的规范，1995年的劳动法并未使用"仲裁时效"字样，在制度设计上，进一步削减了时效的属性。表现在起算点改为"劳动争议发生之日"，更注重的是争议事实的现实发生，弱化考虑当事人权利行使的可能性，将期间由原来规定的6个月改为60日，并取消了期限延长的事由，大大缩短权利不行使状态可以存续的时间长度，同时将该期间又改为了不变期间。这种概括模糊化的规定，又给理论界带来了

---

① 吴孝文.关于劳动争议仲裁时效的几个问题［J］.中国劳动，2002（12）：50.

劳动仲裁申请期间性质属于除斥期间、诉讼时效抑或法定期限的争论。[①] 其后原劳动部发布了《关于贯彻执行〈中华人民共和国劳动法〉若干问题的意见》（以下简称劳动法意见），其中第八十五条、第八十九条和第九十条尝试了对劳动仲裁期间进行解释，以"仲裁申诉时效"指称申请劳动仲裁的期间；将期间的起算点"劳动争议发生之日"解释为"当事人知道或应当知道其权利被侵害之日"。并规定了两类以劳动争议解决机制中的具体程序作为仲裁时效的中止事由，一类是劳动争议调解，中止时间为调解期间的三十日；一类是当事人申请仲裁，从申请仲裁到受理的期间为时效中止。可见原劳动部的意见，从称谓与制度内容上都倾向于将劳动仲裁期间定性为时效。但是这一意见面临着很多争议，集中在认为起算点"劳动争议发生之日"并不等同于"当事人知道或应当知道其权利被侵害之日"。2001年的《最高人民法院关于审理劳动争议案件适用法律若干问题的解释》（以下简称劳动争议解释（一））中采取"仲裁申请期限"指称申请劳动仲裁期间，对当事人不服仲裁机构因超过仲裁期限做出不予受理的书面裁决、决定或通知，诉至人民法院的，经审查确已超过仲裁申请期限，又无不可抗力或者其他正当理由的，依法驳回其诉讼请求。可见人民法院对劳动法中有关申请劳动仲裁的期间的性质认定为程序法上的法定期间。这一阶段，劳动部和最高人民法院在称谓和性质上的认识并不一致。2006年的《最高人民法院关于审理劳动争议案件适用法律若干问题的解释（二）》（以下简称劳动争议解释（二））改变了相关认识和规定，改称"申请仲裁期间"的同时，又规定了中止和中断的情形，其中更是将原来规定的"仲裁期限"中的延长事由，更改为期间的中止事由，体现了以"时效"定义申请仲裁期间的转变，所以此"期间"的称谓实质上就是"时效期间"。在这一阶段，虽然在性质上最高人民法院与原劳动部达成了共识，但是最高人民法院采取的是向民事诉讼时效制度靠拢的制度设计，与原劳动部以劳动争议解决程序相关联的时效制度设计在立法取向上仍明显不同。

[①] 这些观点主要围绕着劳动仲裁期间经过的法律后果的角度进行的论述。持除斥期间的观点认为，其后果导致仲裁机构不受理劳动争议案件，不启动劳动争议仲裁程序，是从程序上消灭了当事人申诉权利；持诉讼时效的观点认为，其后果是权利人的胜诉权归于消灭，丧失了实体权利保护的可能性；持法定期限的观点认为，该期间仅是当事人向劳动争议仲裁委员会提起仲裁的条件之一。超过该期限，当事人即不能行使申诉的权利，消灭其程序意义上的诉权。

在劳动争议调解仲裁法时期，我国出台了一部法律层级的、规范调解程序和仲裁程序的劳动争议调解仲裁法，对于劳动争议解释（二）中的有关规定予以大量承继。其明确规定了劳动仲裁期间的时效性质，在制度内容上高度借鉴了民事诉讼时效的规定，并且规定了劳动争议中的特殊时效制度类型——拖欠劳动报酬争议。2017年的《劳动人事争议仲裁办案规则》在此基础上将劳动仲裁时效制度推及至与事业单位、社会团体、军队文职用人单位建立人事关系的有关争议，并且对"向对方当事人主张权利""向有关部门请求权利救济"的时效中断事由和"他正当理由"的时效中止事由作了进一步细化规定。且相较于2009年的旧《劳动人事争议仲裁办案规则》，新规则取消将"在申请仲裁的法定时效期间内"作为劳动仲裁委员会审查受理劳动争议的条件，这一改变被部分学者认为是取消了劳动仲裁委员会主动审查仲裁时效的重大转变。至此，劳动仲裁申请期间在制度层面完成了时效属性的完全转化。但与此同时较为遗憾的是，虽然劳动争议调解仲裁法是一部法律层级的劳动程序法，但其并未覆盖劳动争议解决的全部机制，仅针对调解程序和仲裁程序做出了规范，因此在实际运行中，对于劳动仲裁时效制度在诉讼程序中是否适用、如何衔接仍然存在着认识上的差异。

第三节 "诉讼时效"属性下劳动仲裁时效名实不符的适用困境

由劳动仲裁时效名之演变可见，我国劳动仲裁申请期间制度安排在总体上朝着比照民事诉讼时效制度的方向发展。这种发展产生的主要原因在于现行劳动争议解决机制中将劳动仲裁强制前置于劳动诉讼的制度设计，于是需要将诉讼时效制度前置于劳动仲裁程序，由此产生了劳动仲裁时效制度。从劳动仲裁申请期间在称谓和内容上的发展变化可以看出，立法层面经历过极其纠结，甚至很多时候以含混式的技术回避对其属性的认定。在长期司法实践的过程中，为了弥补劳动仲裁和诉讼程序的衔接裂痕，最终走向了诉讼时效化的立法选择。可以说这只是一种实用主义精神之下的妥协和折中，缺乏逻辑体系的理顺，必然产生司法适用上的困境。

一、概念涵摄不足

如上文所述，在劳动争议调解仲裁法出台之前，对于劳动仲裁申请期间的法律性质存在着认识上的不确定，因此在很长时期并未形成劳动仲裁时效这一概念的法律认可。劳动争议调解仲裁法虽确认了劳动仲裁时效的概念，但并未对劳动仲裁时效进行概念界定，而是借助时效性的制度规范明确了劳动仲裁申请期间的时效属性。

> 在所有的标准中，最为显而易见的标准就是立法者自己对于这个概念的使用方式，这就是所谓的主观解释。使用定义，就其是否正确呈现了立法者的文字使用这方面而言，的确能够有对错真伪的区分。然而，使用定义几乎不可能是完整的，因为立法者不可能预先想到这个概念的每个多义性及模糊面，特别是当那些现象在立法当时根本还没出现的情形。①

这一立法技术可以有效回避完整性定义对概念内涵的统一性要求，尤其是在仲裁时效和诉讼时效的关系并未形成共识、仲裁时效效力模式不明确等背景下，可以给司法实践和后续立法留存空间。

但与此同时，在劳动仲裁强制前置劳动诉讼的现行制度背景下，没有明确概念界定，势必导致法律适用上的理解差异。

> 即使是精练的法律人亦是处于这样的情况中，即虽然他们知道法律，但是他们感受到，有许多关于法律的东西和法律与其他事物的关系是他们无法释明和未全然理解的。就像一个人能够在所熟悉的城镇中从某个定点到另一个定点，但却无法释明或告诉他人应该如何走一样，那些对定义有迫切需求的人需要一张地图，来清楚地展示在他们所知道的法律

---

① 普珀.法学思维小学堂：法律人的6堂思维训练课［M］.蔡圣伟，译.北京：北京大学出版社，2011：6.

和其他事物之间为他们隐约感觉到存在的关系。在这样的情形中，有时一个语词的定义可以提供这样的地图：它可以使导引我们使用该语词的原则变得清晰，并且同时可以展示出我们应用语词于其上的现象类型和其他现象间的关系。①

在现行立法下，这种"无法完全释明"和"隐约感觉到的存在"不仅影响到司法实践，也造成学者在撰写劳动法教材时也尽量不去涉及对劳动仲裁时效概念进行定义。②尝试去分析和理解立法者和学者对此概念的回避，我们可以发现这并非没有原因。从客观解释角度出发，劳动仲裁时效这一概念主要由"劳动争议""仲裁"及"时效"三个要素组成。因此比照诉讼时效的概念界定，劳动仲裁时效很容易被定义为："劳动者和用人单位在法定期限内不向劳动仲裁机构申请仲裁，就将丧失请求劳动争议仲裁机构保护其权利实现之权利的制度。"③然而在司法实践中，对这三个要素的涵摄存在失灵。

首先，劳动仲裁时效的适用并非只限于"仲裁"程序。由于劳动仲裁和劳动诉讼在现行劳动争议解决机制中是相互独立的两种制度，劳动仲裁制度的设置目的之一是为了尽量过滤劳动争议，减轻法院处理劳动案件的压力，并未试图以仲裁打破劳动诉讼的两审终审制的体系。因此劳动诉讼阶段，法院并不需要对劳动仲裁的仲裁裁决进行实体和程序上的审查，而是以当事人提起的诉请进行诉讼上的审查。但是时效制度的存在，将本身独立存在的两个程序或多或少地联结起来。在劳动争议调解仲裁法出台以前，对于诉讼阶段时效的审查依照仲裁时效还是诉讼时效制度进行就存在争议，在司法实务中也存在不同的做法。2001年的劳动争议解释（一）确认了人民法院应当受理当事人因不服劳动仲裁委员会以仲裁申请超过期限不予受理的诉请，并且对是否超过仲裁期限进行审查。这一司法解释不仅许可了诉讼阶段审查仲裁时效，而且在一定程度上将劳动诉讼作为劳动仲裁上诉审的取向。2008年的

---

① 哈特.法律的概念［M］.许家馨，李冠宜，译.北京：法律出版社，2006：14.

② 翻阅手头若干套劳动法教材，如马工程教材的《劳动与社会保障法》，新编21世纪法学系列《劳动法》等教材在涉及劳动仲裁时效时，都没有进行概念界定。

③ 林嘉.劳动法和社会保障法［M］.北京：中国人民大学出版社，2011：252.

劳动争议调解仲裁法并未对这一问题从法律层级进行明确，诉讼阶段的时效审查仍然存在司法上的难题。比如：当事人未在仲裁阶段提出仲裁时效抗辩，而在诉讼阶段提出应该如何处理？如果用人单位在仲裁阶段提出仲裁时效抗辩，仲裁机构未予支持的，人民法院在诉讼阶段应该如何处理？由于没有明确的法律规定，一些地方高院选择以地方性司法意见的形式做出区域性统一的规定，如吉林省高院《关于审理劳动争议案件法律适用问题的解答（二）》中规定：仲裁机构受理劳动争议案件并作出实体裁决，当事人在仲裁审理过程中没有提出仲裁时效抗辩，但在一审时提出的，不予支持；仲裁机构未经审理直接做出不予受理通知，当事人在一审时提出仲裁时效抗辩的，人民法院应予审理。用人单位在仲裁阶段提出仲裁时效抗辩，仲裁机构未予支持，用人单位在诉讼中坚持仲裁时效抗辩的，人民法院应予审理。这些处理方式，或多或少延续了最高法将劳动诉讼作为劳动仲裁的诉审的思路。

其次，劳动仲裁时效中的"劳动争议"存在是否属于民事争议的疑问。由于我国目前并没有专门的劳动法庭，在现行的人民法院机构设置下，劳动争议交由民事审判庭处理，归属在民事争议的案由之下。这对人民法院来说，极易产生劳动争议属于民事争议的认识，进而认为产生劳动争议在诉讼阶段应该适用民事诉讼时效制度。还有部分学者从学理上认为劳动争议在性质上是一种特殊的民事纠纷，并以此作为劳动仲裁时效制度研究的前提。认为就劳动关系的本质而言，这是一种平等主体间的民事关系。劳动法的兴起，源于传统民法难以调整这种形式上平等、实质上不平等的特殊民事关系，难以充分保护劳动关系中的弱者——劳动者的合法权益；据此进一步认为现代劳动法调整的领域，其实是传统民法的领域，只是调整的手段不同而已，也就是用公法的行政干预的手段调整平等主体间的关系。[①] 社会法作为中国特色社会主义法律体系中的重要构成部分，已经得到最高权力机关的认可，成为建设社会主义法治国家的重要部门法之一。因此囿于法院机构设置而在劳动诉讼审判机构上的选择，并不能构成对劳动争议法律属性的认定标准，尤其是只将其视为平等主体之间的民事纠纷来处理，将无法实现从司法途径防止劳

---

① 方乐华.劳动仲裁时效之法律探讨［J］.前沿，2003（11）：110.

资冲突所可能引起的社会问题的社会法制度考量。而按照劳动法的发展历程来看，近现代劳动关系的确经历过民法调整的历史时期，但正是打破了认为劳动关系是全然自由对等的人格者之间的纯粹债权契约关系的认识，发掘到其间含有一般债权关系中所没有的不对等人格之间的人格从属关系所导致的特殊的身份因素和高度的社会要素，才使对劳动关系的调整从依靠民法调整的雇佣契约时代走向依靠社会法调整的劳动契约时代。[①] 虽然由于民法本身的社会化仍在进行，因此产生了劳动法和民法应该重新结合的声音，[②] 但是这种理解在根本上忽视了两个部门法的"道"与"术"之别。劳动法与民法的根本区别在于两个部门法构建基础的差异，即对法律关系主体地位是否平等的基础性认识是截然相反的，这决定了二者在立法宗旨、价值、原则上的迥异，以及调整方法和规则上的差别。当然由于法律发展历程的不同，新兴部门法规则势必要建立在旧有部门法的基础之上，尤其是民法在雇佣契约时代对劳动关系调整的历史渊源，导致民法和劳动法在相关制度上具有关联性，但这种规范技术上的链接，并不能决定法律属性的重合。因此，年轻的劳动法的发展和建设亟待更好地修补规则的残缺和修正系统中的冲突漏洞，其需要的是"师夷长技以自强"，绝非"长大后我就成了你"。

最后，劳动仲裁时效的"时效"存在是否属于民法总则规定的"其他仲裁时效"的疑问。2017年颁布实施的民法总则对诉讼时效制度进行了修订，其中第一百九十八条增加了对仲裁时效的规定："法律对仲裁时效有规定的，依照其规定；没有规定的，适用诉讼时效的规定"。由于我国法律中有"仲裁时效"概念规定的仲裁类型只有民商事仲裁、劳动仲裁和农村土地承包经

---

① 黄越钦.劳动法新论［M］.北京：中国政法大学出版社，2003：5-6.

② 比如，认为民法是私法的一般法，劳动法应是私法的特别法。通过市场配置劳动力资源是劳动法无法离开民法的根本原因，劳动法包含较多弱者保护制度并不足以将其从民法中分离出去。依附性劳动的本质是需要用人单位单方进一步确定给付内容的债的关系。在此基础上，其提出了劳动法作为特别私法的合理性与构造路径。认为从法教义学角度看，劳动法本身是规则残缺的；劳动关系中特殊的照顾保护义务可以在民法教义学中得到解释；民法中持续性合同规则得到很大发展；公法在私法上的效力理论可以解释劳动法包含公法规则的问题；集体自治的双轨制结构可以将集体劳动法融入民法的制度和理论中。民法典需引入社会化的制度和持续性合同的内容，劳动法应成为私法社会化的发动机。

沈建峰.劳动法作为特别私法《民法典》制定背景下的劳动法定位［J］.中外法学，2017，29（6）：1506.

营纠纷仲裁三种，据此认为法律对劳动仲裁时效制度有规定的，依照其规定；没有规定的，适用诉讼时效的规定。在制度设置上认为这一规定既为特别法对仲裁时效做规定留有接口，也为仲裁时效准用诉讼时效的规定提供依据。这种观点提出的原因在于我国在仲裁实践中长期以来适用民法通则有关诉讼时效期间、中止、中断等有关规定，认为这一方式在实践中可行得到了检验，可以被采纳。但是需要注意的是，根据民法总则第一百八十八条，对普通诉讼时效期间的规定，诉讼时效是向人民法院请求保护"民事权利"的期间。在民法通则时期，虽然没有仲裁适用诉讼时效制度的规定，但由于民商事仲裁解决的是"平等主体"之间的财产性纠纷，且采取"或裁或审"的纠纷解决机制，因此在仲裁程序中适用诉讼时效规定，并不会产生逻辑涵摄上的重大阻碍。但由上段分析我们知道，劳动争议与民事争议在法律性质上并不相同，因此劳动关系当事人的权利并不能等同于民事权利；且在争议解决机制上，劳动仲裁强制前置于劳动诉讼，如果不在劳动仲裁时效的定义上予以明确，两个制度的衔接势必产生解释上的障碍；与民商事仲裁不同，劳动仲裁时效制度虽不完善，但一直存在着具体的规定，其由于概念涵摄不清造成的适用困难与民商事仲裁遇到的没有明确适用诉讼制度的困难并不相同，因此民法总则就仲裁时效适用的规定，对二者产生的影响也就不相同。对民商事仲裁来说，是对民商事仲裁适用诉讼时效制度找到了法律依据；而对劳动仲裁来说不仅会造成解释上的困难，还意味着对于民法总则上规定的如最长权利保护期间，时效届满法律后果，诉讼时效中止的期间限制；等等，劳动仲裁时效制度中没有的规定是否能适用的问题。

综上，在现行劳动争议解决机制面临多方质疑的窘境下，将劳动仲裁时效制度诉讼时效化，在制度上或明或暗强调二者的关联性，忽略二者在概念要素上的矛盾，会使劳动仲裁时效制度在应对司法实践多样性的时候力不从心、捉襟见肘。

二、法律效力矛盾

从各国的立法例来看，以时效期间经过的效力不同，可以将消灭时效的法律效果分为程序性效力和实体性效力两种。从法律体系逻辑顺畅的角度出发，采程序性效力的一般以"诉讼时效"之名将制度规定于程序法之中；而采实体性效力的一般以"消灭时效"之名将制度规定于实体法之中。

消灭时效的程序性效力，源自罗马法。① 罗马法上的消灭时效，公认为发端于法务官法而完成于《狄奥多西法典》。法务官法时期由法务官的司法活动形成的法律体系填补了制定法诉权种类限定及其形式化的不足，并由此形成了罗马诉讼法上"期限诉讼"和"永久诉讼"。"期限诉讼"即为依法务官法而提出的诉讼，其出诉期限为一年，债权人若不在此一年期内起诉，则其诉权消灭（债权亦消灭），此即消灭时效制度的由来；"永久诉讼"则是基于市民法规定提出的诉讼，除背义遗嘱撤销之诉必须在五年以内行使外，其他诉权可以永久保有。及至帝政时代，狄奥多西二世在《狄奥多西法典》中创设了总括性的规定，将一切诉讼都纳入出诉期限内，② 至此形成了真正意义上的消灭时效制度。③ 因此虽然罗马法对于实体法和程序法并没有进行严格意义上的区分，但我们可以看到的是对消灭时效的规定具有浓厚的程序法色彩，其整体是围绕着"法庭诉讼"这一程序上的诉权进行的制度规定，时效经过消灭的是程序性诉权。现代国家中采消灭时效的程序性效力的代表性国家为英国。英国作为普通法系代表性国家，没有以时效来约束权利的先例。受程序法发达的传统影响，其没有消灭时效的概念，取而代之以"诉讼时效"之名。英国《1980年诉讼时效法》针对不同的诉讼类型规定适用不同的起诉时限，正如名称表达的那样——诉讼时效（limitation of actions），作为诉讼限制手段，在法律效果上主要起到阻碍诉讼的提起，本身并不影响实体权利，因此是完全的程序法性质。加拿大、澳大利亚等普通法系国家也采用这种立法选择。

从劳动仲裁时效存在的制度性质上来看，自暂行规定时期到劳动争议调

---

① 在罗马法的最早时期，各种诉讼方式都不受到时间因素的限制。当时人们必须根据"十二表法"及其后来制定的市民法所规定的诉权才能起诉，并且不允许扩张解释及类推适用。此时罗马人认为，任何有时间限制的权利都是违背权利本质的，所以诉讼方式都不应该受到时间因素的限制。

② 原法务官诉讼和背义遗嘱撤销之诉的消灭时效不变，但将原市民法上的永久诉讼的诉权限定在三十年，特殊情形下延长至四十年。

③ 郑玉波. 民法总则 [M]. 北京：中国政法大学出版社，2003：542.

解仲裁法时期，其一直规定于程序法制度之中，[①]因此劳动仲裁时效从制度性质上来说属于程序法规则，依照立法逻辑该期间经过影响的只能是程序性权利。从制度内容上来看，无论是被称作"期限""期间"抑或"时效"，劳动仲裁时效的相关制度都是在程序法意义上进行的规定。及至劳动争议调解仲裁法出台明确了劳动仲裁时效的概念，但并没有对时效完成的效力进行明确规定，仅以"劳动争议申请仲裁的时效期间"进行表述。从这一表述出发，可以看出劳动仲裁时效仅是限定劳动争议当事人申请仲裁的期限，时效经过产生的是阻碍仲裁提起的效果，并不影响实体权利。因此旧《劳动人事争议仲裁办案规则》将"在申请仲裁的法定时效期间内"作为劳动仲裁委员会审查受理劳动争议的条件，就是基于对仲裁时效的程序性效力的认识而做出的细化规定，虽然受到劳动仲裁时效强消灭效力是否恰当的质疑，但仅从体系逻辑顺畅的角度来看并无不妥。因此虽然新的《劳动人事争议仲裁办案规则》取消这一规定，但是在实践中仍存在支持在劳动仲裁申请受理后的审理阶段，仲裁庭应主动审查仲裁时效的声音。

采消灭时效实体性效力的主要为大陆法系国家。近代大陆法系国家的法律制度深受罗马法的影响，其代表性国家多数以"消灭时效"之名指称相关制度，与取得时效相区分规定于本国民法典之中，并完成了消灭时效程序效力向实体效力的转化，形成消灭时效三种实体法效力学说。一是法国为代表的"诉权消灭说"。法国民法典中称"时效谓依法律特定的条件，经过一定的期间，而取得财产的所有权或免除义务的方法"。因此消灭时效的经过将产生免除义务的法律效果，也就是债本身随着时效经过消灭了。这种实体权利的灭失导致了诉权的灭失，所以在法国的民事诉讼法典第三十二条规定："由没有诉权的人提出或者针对其提出的任何诉讼请求，均不予受理。"第一百二十二条进一步规定："当事人可根据下述任何情况之一请求法院宣告对方当事人的诉讼请求不可受理，即无需对诉讼请求进行实体审理：无资格、无利益、时效期间已过、已过预定期限、既判事由。"诉讼不受理作为一种

[①] 其中只有劳动法采取了实体法和程序法合一的立法模式，但仍规定申请劳动仲裁期间于"劳动争议"一章，其程序规范的性质可见一斑。

"程序警控工具","所针对的是当事人的诉权本身,其目的是对不具备诉权的当事人予以惩罚"①。因此,法国民事程序法上诉权的灭失来源于时效经过债本身消灭这一实体效力。二是以德国为代表的"抗辩权发生说"。德国的消灭时效以"请求权"为客体,被认为已经让位于"请求权时效",完成这种实体法转变的基础在于德国学者温德沙伊德对实体法上的"请求权"概念的发现。②纯粹实体法上的请求权是指"法律上有权提出的请求,也即请求的权利,某人向他人要求一些东西的权利"③。实体法上的请求权的证成,使德国消灭时效制度完成了完全的实体法转变。德国民法典规定,"消灭时效完成后,债务人有拒绝给付的权利",就是认为时效经过灭失的是实体法上的请求权,而债权本身没有灭失,因此义务人获得的只是相应的抗辩权。三是以日本为代表的"权利消灭说"。日本民法典规定:"债权因十年间不行使而消灭;债权或所有权以外的财产权,因二十年间不行使而消灭。"因此消灭时效被认为是"以权利不行使的事实状态,与一定期间的继续为要件,是权利消灭的时效"④。因此日本的消灭时效完成效力也被认为是实体法性质的。

在民法通则时代,我国的消灭时效制度表达为"向人民法院请求保护民事权利的诉讼时效期间",这一表述与俄罗斯民法一样,主要承继苏联的立法传统,以"诉讼时效"之名规定于民事实体法。一般认为,苏联的胜诉权消

① 卡迪耶.法国民事司法法 [M].杨艺宁,译.北京:中国政法大学出版社,2010:361-362.
　霍海红.胜诉权消灭说的"名"与"实"[J].中外法学,2012,24(2):354.

② 正如迪特尔·梅迪库斯在《德国民法总论》中说的那样,"实体法上的请求权概念是由温德沙伊德从罗马法和普通法中的诉的概念中发展出来的"。其认为罗马法上"诉"的概念可以有六种逐渐变窄的含义,前五种都指向事实,只有"被认作合法权利的法庭起诉或诉讼"这一概念指向的是权利,这种权利意义上的诉的概念,与我们现在所知道的请求权相似。之所以说相似,是因为权利意义上的诉,不仅包含请求权,还包含了"法庭的要素""法庭审理和法庭保护的要素""针对所提出的请求而获取法庭许可的可能性的要素"。在此基础上,温德沙伊德进一步提出"罗马法上的诉应该是权利的表达,而非权利的结果;是诉造就了权利,而非权利造就了诉"。而从现代眼光出发,实体法上的请求权与诉并不一样,"在法庭起诉的权利或诉权,只是请求权的结果,而非原因;请求权在法庭的可诉请性,是请求权的一个侧面,而非构成请求权的东西"。
　金可可.论温德沙伊德的请求权概念 [J].比较法研究,2005(3):113-115.

③ 金可可.论温德沙伊德的请求权概念 [J].比较法研究,2005(3):115.

④ 我妻荣.我妻荣民法讲义 I 新订民法总则 [M].于敏,译.北京:中国法制出版社,2008:447.

灭说直接源于其民事诉讼法理论的"二元诉权说"①。这种将诉权分为起诉权和胜诉权两类的学说，本身就杂糅了程序法效力和实体法效力，而其又以"诉讼时效"这种在文义上就具有程序法属性的概念规定于民事实体法中。为了说理诉讼时效本身具有实体法效力，因此采取了"胜诉权"这一被剥离为实体权利的概念描述为诉讼时效的消灭对象。虽然二元诉权说试图将实体诉权和程序诉权予以区分，但二者在概念使用上容易造成指称不明和界限不清的问题，进而产生理解上的分歧。

毫无疑问，在俄罗斯民法中，消灭时效制度虽然被规定在民事实体法中，但其却是程序法性质，此种立法模式显然造成民法典内在的紧张关系，因为消灭时效还直接产生实体法上的后果，如能否就负担消灭时效抗辩的债权而主张抵消等问题，在民法典中将消灭时效规定为"诉讼时效"有失科学。②

因此我国诉讼时效制度的"胜诉权消灭说"也遭受了同样的质疑。民法总则对民事诉讼时效制度进行了修订，在仍以"向人民法院请求保护民事权利的诉讼时效期间"表述的同时，③规定了诉讼时效经过的法律后果——"诉讼时效期间届满的，义务人可以提出不履行义务的抗辩"。这一规定被视为我国对诉讼时效的效力正式转向"抗辩权发生说"，诉讼时效的经过并不导致权利人请求权的消灭，而是使义务人取得抗辩权，因此在法律效果上呈现出完全的实体法色彩。

---

① 所谓二元诉权说，是将诉权分为程序意义上的起诉权和实质意义上的诉权两类，因此诉讼时效的效力被阐述为"超过诉讼时效期限所消灭的不是程序意义上的诉权而是实体意义上的诉权。实体意义上的诉权就是有权在法院的帮助下对于从某种主体权利所产生的要求权获得强制执行。诉讼时效期满后，享有主体权利的人已经不能取得法院的强制制裁，他不能获得对自己有利的判决——法院驳回他的诉讼"。
霍海红.胜诉权消灭说的"名"与"实"[J].中外法学，2012，24（2）：356-357.

② 朱岩.消灭时效制度中的基本问题：比较法上的分析——兼评我国时效立法[J].中外法学，2005（2）：163.

③ 立法过程中，曾有学者提出要以消灭时效概念取代诉讼时效的立法建议，但立法机关认为诉讼时效的概念已经被公众熟知，因此并未采纳。

可见，无论是从立法体例还是制度内容上去考察，劳动仲裁时效的法律效力一直都是程序法色彩的，而诉讼时效的法律效力一直都是实体法色彩的。劳动争议由于解决机制上采取劳动仲裁强制前置，于是将诉讼时效制度前置于仲裁程序中的做法，虽然是为了解决消灭时效制度在劳动争议司法救济中的适用问题，但由于二者的法律效力上的定位不同，这样的简单位移忽略了不同消灭时效的法律效果产生的跨机制适用障碍，导致劳动仲裁时效制度常常在仲裁和诉讼过程中出现令裁判者困惑的问题。

三、机制衔接不畅

正是由于虽命名为"劳动仲裁时效"，但实质上是只是将诉讼时效的前置位移的立法技术，致使概念涵摄失灵和法律效力矛盾，进一步导致了劳动争议解决机制中的仲裁与诉讼程序衔接不畅。

如果秉持严格的概念涵摄，那么劳动仲裁时效制度仅于劳动仲裁机构在仲裁程序上适用，人民法院在劳动诉讼过程中则既无法适用仲裁时效也无法适用诉讼时效。但是由于劳动仲裁裁决在大多数情况下不具有终局性，且在制度衔接上并不能对劳动诉讼造成实质影响，因此如果在劳动诉讼中不对时效进行审查，无疑也是极其不合理的。

如果摒弃严格的概念涵摄，以体系建构的角度出发，则目前两个制度在法律效力上的矛盾难以逾越。由前文所论证，劳动仲裁时效完成产生的是程序性效力，即其仅应该起到阻碍仲裁提起的效果，并不影响实体权利。在将"在申请仲裁的法定时效期间内"作为劳动仲裁委员会审查受理劳动争议条件的时期，超过仲裁时效仲裁机构将不再受理劳动争议案件，即为程序性效力的表现。但是随之产生的是劳动仲裁因超过仲裁时效不受理的案件，人民法院是否应当受理的问题。原因在于一方面法律规定劳动争议未经仲裁不得诉讼，因此超过仲裁不予受理的案件法院是否可以受理成为司法实践中的难题，后经劳动争议解释（一），对此种情形做出了肯定性的回应。同时规定，人民法院在受理之后，对确已超过仲裁申请期限，又无不可抗力或者其他正当理由的，依法驳回其诉讼请求，这一规定也是对仲裁时效程序效力认定的延续。但这与法院不得主动审查诉讼时效的规定相矛盾，而不得主动审查时效的基础来源也是与实体效力分不开的。之所以法院不能主动审查诉讼时效，是因为诉讼时效影响的是实体权利，当事人是否主张诉讼时效是对时效利益的一种处分，这种处分属于当事人的权利，因此只能由当事人自己主张或者放弃，法院不能越俎代庖。而仲裁时效则仅作为程序权利的阻却，一旦程序性事由满足，无须当事人主张即归于灭失。新《劳动人事争议仲裁办案规则》希望借助取消将"在申请仲裁的法定时效期间内"作为劳动仲裁委员会审查受理劳动争议的条件，完成劳动仲裁时效效力的"裁审衔接"，但是无奈的是其并没有改变仲裁时效在程序法中规定的程序效力属性，这种试图将仲裁时效制度诉讼时效化的制度改变，难免产生削足适履的勉强之感。

第四节　劳动仲裁时效名实相符的立法进路探讨

劳动仲裁时效的制度表达似乎反映出目前我国劳动法正处在剥离于民法调整的粘连状态。虽然社会法已被认定为社会主义法律体系中的独立法律部门，但在调整方法上仍以民法为基础，因此劳动争议相关的立法虽然极力向独特性努力，但是由此产生的体系上的龃龉难以消除时，又再次回缩靠拢于民法制度。而劳动仲裁时效名实不符的根本原因在于现行劳动争议解决机制的设置，立法也考虑到劳动争议的特殊性，由此设置了调解仲裁的特殊制度，在强制仲裁的基础上对劳动争议的时效制度进行了特殊化的制度设计，但在诉讼阶段无论是法律适用还是机构设置都仍以民事争议解决制度为依归。劳动仲裁时效的"诉讼时效化"正是在这种背景下的实用主义的妥协，如何在现行的劳动争议解决制度下，通过体系逻辑顺畅化的努力达到名实相符的目标，需要在立法进路层面予以探讨。

一、视角回归于"仲裁"

从劳动仲裁时效的文义上来看，对劳动争议有两个要素性限定，一为时效，二为仲裁。以往研究与立法的关注都集中于"时效"，着眼于时效性质的确证与合理化呈现。与此同时却忽略了对"仲裁"程序与时效制度结合的必要性和独特性的审视。要使劳动仲裁时效名实相符，就必须将视角回归于"仲裁"，首先明确仲裁程序在劳动争议解决机制中的必要性，才能进一步探讨仲裁是否需要时效制度，以及需要什么样的时效制度等问题。

从劳动争议解决的角度来看，仲裁具有独特的制度功能，不能被其他制度所取代。除却替代性争议解决方式对纠纷解决具有的多元可选择性，高效性、弱对抗性以及成本低廉等优势外，[①] 我国的劳动仲裁机制还发挥着独特的"过滤"和"预防"的双重功能。

"过滤"功能体现为以仲裁强制前置使一部分争议解决于诉讼之前，减轻法院处理劳动争议案件的压力。这一功能首先得到了劳动法立法机构的确认，[②] 区别于 ADR 中的和解、调解等制度，仲裁程序对劳动争议依照法律条文进行审理和裁判，这种法律适用的活动对劳动争议当事人的权利义务进行分配，具有高度的类司法性，因此对劳动争议当事人来说具有相当程度的权威性和认可度，能够有效过滤劳动争议。这种过滤功能同时也被司法机关贯彻和尊重，在劳动争议调解仲裁法出台之前，最高人民法院就以司法解释的形式就劳动仲裁委员会逾期不做出仲裁裁决或者做出不予受理通知的劳动争议案件人民法院应否受理进行了批复，[③] 认为当事人不服劳动争议仲裁委员会做

---

① 替代性纠纷解决模式（Alternative Dispute Resolution），简称 ADR，是以非公立救济形态替代诉讼纠纷解决机制的模式，主要形态包括和解、调解与仲裁。

② 人大常委会在关于《中华人民共和国劳动争议调解仲裁法（草案）》的说明中，曾就征求意见过程中，有的建议将现行的发生劳动争议必须先经仲裁才能向人民法院提起诉讼的程序，修改为由当事人选择仲裁或者诉讼的程序，不再将仲裁作为必经程序，以解决劳动争议处理时间长的问题，做出了回应。认为现行的劳动争议处理程序中的"一调一裁两审"能够充分发挥调解和仲裁的作用，尽量减少打官司。且经对近几年发生的劳动争议仲裁案件进行分析，多数劳动争议可以通过仲裁解决。
信春鹰.关于《中华人民共和国劳动争议调解仲裁法（草案）》的说明：2007年8月26日在第十届全国人民代表大会常务委员会第二十九次会议上［R/OL］.中国人大网，2008-02-23.

③ 《最高人民法院关于劳动仲裁委员会逾期不作出仲裁裁决或者作出不予受理通知的劳动争议案件人民法院应否受理的批复》法释〔1998〕24号中提到："根据《中华人民共和国劳动法》第七十九条规定的精神，劳动争议案件经劳动争议仲裁委员会仲裁是提起诉讼的必经程序。劳动争议仲裁委员会逾期不作出仲裁裁决或者做出不予受理的决定，当事人不服向人民法院提起行政诉讼的，人民法院不予受理；当事人不服劳动争议仲裁委员会做出的劳动争议仲裁裁决，可以向人民法院提起民事诉讼。"

出的劳动争议仲裁裁决，可以向人民法院提起民事诉讼。这种解释体现了司法机关对劳动仲裁过滤功能的尊重。这种制度安排可以看出，劳动仲裁虽然严格按照法律适用为依据进行劳动争议的定分止争，但是并非严格意义上的司法救济途径。即便仲裁程序并没有进行实体性审查，也无须强制重新进行，只要当事人没有绕过该程序设置直接进入诉讼程序，该劳动争议就不会被法院拒绝受理。通俗来说就是只要经过劳动仲裁程序过滤，即便特定案件没有过滤成功，仍可以进入到司法程序。"预防"功能则体现为防患个别劳动争议积聚为集体劳动争议。这一功能主要围绕着劳动仲裁在中国特色国情背景下的制度设计而设定。党领导工人阶级的历史实践和制度选择决定了劳动争议解决模式的延续性，即劳动主管机关对解决劳动争议的参与性。通过对个别劳动争议进行仲裁，能够及时察觉影响劳动公平的集中性问题，并借助劳动仲裁机构与劳动主管机构之间的结构关联，积极防控类型化劳动争议的积聚性出现，有效预警劳资矛盾由人民内部矛盾向其他矛盾转化。因此预防功能也是其他劳动争议解决方式所不能替代的。

二、核心围绕于"准司法性"

以上劳动仲裁程序两个功能的不可替代性，决定了劳动仲裁制度在我国劳动争议解决机制中具有不可或缺的地位。这种功能和地位需要在制度设计上进行特殊的安排，也就是将劳动仲裁机构建设成为准司法性机构。从1993年劳动部在《关于建立社会主义市场经济体制时期劳动体制改革总体设想》中提出"进一步加强劳动仲裁机构的建设，逐步成为准司法或司法性机构"开始，及至2017年人力资源和社会保障部、最高人民法院、司法部等《关于进一步加强劳动人事争议调解仲裁完善多元处理机制的意见》中提到"完善劳动人事争议调解制度和仲裁准司法制度，发挥司法的引领、推动和保障作用，运用法治思维和法治方式处理劳动人事争议，切实维护用人单位和劳动者的合法权益"。劳动仲裁机构和劳动仲裁活动的准司法性得到了部门规章层级的法律认可。在我国，拥有准司法性色彩的机构，不仅包括劳动仲裁机关，还有反垄断执法机关、民商事仲裁委员会以及知识产权专利无效审理和商标评审机构等。然而对什么是准司法性并没有形成统一意见，概括来看主要包含三个内容。一是准司法性机构本身不属于司法机关。二是准司法机构行使的权力由国家强制力保障。三是准司法机构比照司法机关按照法律规定的实体和程序进行纠纷处理。在满足以上共性的同时，也有学者就劳动仲裁程序的特性进行了进一步的论述，如劳动仲裁"准司法性的内涵是指它符合传统司法的基本特征，但裁决结果又不具备传统司法的完全终局性，裁决过程缺乏传统司法的完全强制性"①；再如劳动仲裁"准司法性质的'准'表现在对同一劳动人事争议纠纷案件审理的实体依据不同和仲裁程序缺乏强制推进措施"②；等等。

从准司法性的产生历程来看，其源自传统西方资本主义三权分立基本政治制度的改造。传统立法、行政和司法三权各自独立行使、相互制约制衡的制度设计，慢慢不再满足社会发展和国家治理的需要，围绕着行政权的扩张，三权之间开始逐渐相互渗透和突破。其中在司法领域，司法机关内部分工日趋细致，司法机关与其他国家机关，尤其是行政机关以及社会的联系越来越密切，致使司法的专属性趋于淡化，催生了司法权与行政权新的融合趋势，其中的一个重要表现形式就是所谓"准司法"的出现。准司法主要指的是行政机构在处理行政行为相对人提请复议或控告的权利时，行政机构需要通过适用法律解决纠纷，这一权能类似于司法职能，在实施上又往往类似于司法程序，因此又被叫作"行政司法"或"行政裁判"。为了解决这种行政权与司法权的差异与共性并存的矛盾，人们创造出了"准司法"这一新的概念。③准司法机关最开始出现在反垄断执法中，④慢慢延伸到劳动争议、知识产权等领域。不难看出，这些准司法性机构存在的共性需求在于此类领域不仅需要相当程度的专业化知识，同时在司法过程中要兼顾经济性、政策性、社会整体

---

① 沈建峰，姜颖.劳动争议仲裁的存在基础、定性与裁审关系［J］.法学，2019（4）：146.

② 王伦刚 纪麟芮.准司法和泛行政：劳动人事争议仲裁院性质实证考察［J］.中国法律评论，2019（6）：96.

③ 朱宏文，王健.从"两权合一"走向"三权合一"：我国反垄断执法机关导入准司法权的理论、路径和内容［J］.法学评论，2012，30（5）：104-105.
　　贺运生，李国海.论反垄断法中的准司法机关［J］.求索，2006（9）：116-117.

④ 比如，美国的联邦贸易委员会、日本的公正交易委员会、德国的联邦卡特尔局等都属于准司法性质的反垄断执法机构。

性等考量，使其与法官司法权的一般性具有相当程度的不协调，产生了行政主导的必要性。

总体来说，虽然在准司法性的概念内涵上还有一些观点上的差异，但相关部门和学者对劳动仲裁所具有的准司法性本身并无争议。就劳动争议而言，在我国实际国情的需要之下，目前劳动仲裁制度具有其他劳动争议解决机制所不能取代的特殊功能，因此劳动仲裁制度应予保留。而准司法性表明，虽然在某些方面与司法活动并不完全一致，但这种"准"更多体现在劳动仲裁机构本身的机构设置、权力来源和运行机制等方面的差异，这种差异并不影响劳动争议当事人权利救济的"司法性"，不影响劳动仲裁是在公权力主导下的按照法律实体和程序规范进行的定分止争的具有司法要素的活动，尤其在劳动仲裁强制前置于诉讼的制度安排之下，劳动仲裁在相当程度上类比于"一审"的功能，因此在仲裁程序中设置时效制度具有完全的合理性，需要解决的问题在于如何围绕准司法性的特殊性质，优化劳动争议解决机制设置，以完善劳动仲裁时效制度。

三、机制诉之于"专有"

既然立法和实践都认可劳动仲裁的准司法属性，那么在机构设置上就需要聚焦这一特性，建立顺畅的劳动争议解决机制，才能从根本上理顺劳动仲裁时效制度安排。

在准司法属性定位之下，通过司法权委任理论的构建与解释，劳动仲裁机构其实并不需要讳言自己因结构依赖所具有行政性，[①]而是需要在保障机构独立地位、做实三方机制、专业化的从业人员、适合解决纠纷的程序等方面着力以强化自身司法功能的独立性，毕竟"司法的本质在于解决纠纷，包括民事纠纷、刑事纠纷、行政纠纷以及宪法纠纷等。衡量一个行为是立法行为、行政行为还是司法行为，不是看这个行为是由谁行使的，而是看它是什么属

---

① 司法权委任的理论，与立法权委任理论一样，都是因科技进步、经济发展、社会变迁等原因的出现，原来的立法和司法机构不能满足社会需要，不得不授权行政机关来补充不足。司法权委任理论之下，行政机关通过法律授权来行使司法权力，并不因此而丧失行政主体身份。
沈开举.委任司法初探：从行政机关解决纠纷行为的性质谈起［J］.郑州大学学报（哲学社会科学版），2007（1）：42-43.

性"[①]。当然，对于劳动仲裁制度本身应该如何优化，又是另外一个理论和实务界都非常关注的问题，但在此不宜进行展开。明确了劳动仲裁本质上就是通过委任取得的司法权行使的合法方式，那么劳动仲裁阶段对时效制度进行审查就取得了合理性，而由时效制度造成的仲裁和诉讼阶段的名实不符的问题，就需要在争议机制层面进行理顺。既然劳动仲裁是在行使司法权，那么这种司法权行使的效力就需要被尊重。目前由于对于过滤功能的偏好，使劳动仲裁裁决在大多数情况下并不具有终局性，这样的制度设计带来了如劳动仲裁权威性低、不能倒逼仲裁专业化建设、劳动争议实质三审致使维权时间过长等诸多诟病，同时也是劳动仲裁时效名实不符的重要原因。

在尊重劳动仲裁特殊功能，对仲裁机制予以保留的前提下，应该跳脱仲裁与诉讼割裂的传统机制设置，探索二者紧密衔接的劳动争议解决机制的专有化路径。且从社会法的属性上来看，其并非私法与公法的简单组合，而是私法规则受到公法限制后的一种水乳交融，不能将劳动争议的司法救济简单等同于私权救济，以私权救济程序进行简单的复制使用，而应创设符合社会权救济的程序规则。一是要缩减审级。在保留劳动仲裁的基础上，将其作为劳动争议的实质一审，继续发挥过滤和预防的原有功能，劳动诉讼则作为上诉审。二是关联机构设置。在劳动仲裁专业化和技术性的裁定之下，具体劳动争议的相关事实问题和法律问题在仲裁程序中基本可以厘清，[②] 从效率和人力的双重角度来考量，都无须再经一审法院重新审查，因此可于中级人民法院下设独立的劳动法庭作为劳动争议的二审机构，对不服仲裁裁决提起的上诉予以受理。劳动法庭对仲裁裁决认定事实和适用法律的情况进行审查，并根据情况作出相应的裁决。

通过劳动仲裁与劳动诉讼程序的系统化对接，使劳动争议解决机制创设出一种专有的制度。这样的设计有以下几个方面的优势。一是能够将劳动争议与一般民事争议区别开来，凸显劳动争议处理的专业性，有利于实现社会

---

① 沈开举.委任司法初探：从行政机关解决纠纷行为的性质谈起［J］.郑州大学学报（哲学社会科学版），2007（1）：42.

② 尤其劳动仲裁机构作为行政机构，其对劳动争议的事实问题的认定，法院一般也应该予以尊重。如果当事人对该事实问题认定不服，也可以设定复议等行政救济手段。

法的独特法律价值。在此基础上，对劳动争议进行相关时效制度的构建也能跳脱出民事诉讼时效传统架构的束缚，获得特殊性的制度设计基础。二是能够在提高劳动争议解决的效率的同时符合"两审终审"的审级要求，减轻原制度设计下，劳动仲裁时效期间短期化被附加的缩短争议解决周期的功能负担。三是改变了仲裁和诉讼原本相互分离的状态，在符合司法是权利救济的最后一道防线的传统理念下发挥司法对准司法的监督功能，进而倒逼劳动仲裁朝着更专业化的方向发展。此时，在诉讼和仲裁之间搭建的桥梁，也为建立统一适用的劳动争议相关时效制度，改变现行制度下名实不符的尴尬局面创造了可能。

四、名实相符于"消灭时效"

在将劳动仲裁与劳动诉讼紧密衔接的制度设置下，仲裁与诉讼成为行使劳动争议司法权的统一机制，此时对于时效制度来说，就无须面临在两种制度间的不同设置和适用，即将仲裁和诉讼分别等同于司法救济的一审与二审程序，参照诉讼时效制度进行系统化的安排。有关劳动争议的时效抗辩应该在仲裁程序中提起，如果当事人未提出时效抗辩的，仲裁机构不应对时效问题进行释明及主动适用时效的规定进行裁判。若当事人在仲裁期间未提出时效抗辩，而在诉讼期间提出的，人民法院应该不予支持，但其基于新的证据能够证明对方当事人的请求权已过时效期间的情形除外。

这种系统化的安排需要建立在以下两种制度改革的基础之上。一是将劳动仲裁时效制度规定在实体法中。如前所述，目前劳动仲裁时效规定于劳动争议调解仲裁法的做法，势必造成区分仲裁程序和诉讼程序适用的问题，同时产生程序法效力和实体法效力矛盾的情形。但如果能建立起劳动仲裁与劳动诉讼程序的系统化对接，时效制度就应当规定于劳动法的实体规范中，产生在一定期间内不行使劳动权利的实体法后果，此时无论是在替代式纠纷解决机制抑或是司法救济机制中，相对人都获得了抗辩的权利，不会产生效力矛盾的情形。二是将劳动仲裁时效改为消灭时效。虽然民法总则因考虑到已被公众熟知而延续适用了"诉讼时效"这一概念，但是通过具体法条的规定完成了消灭时效的性质认定，在一定程度上说明了理论和实务对消灭时效的需求和肯定。而劳动争议解决机制的专有化制度的建立，本身就可以不仰民法的鼻息，而是努力探索自身特色化制度安排。因此在时效制度上，不妨采取消灭时效的概念，即符合时效的属性既能满足实践需要，又能避免因与特定程序挂钩而产生的理解和适用上的歧义，真正实现名实相符的立法技术要求。

第三章

劳动仲裁时效制度正当性的逻辑展开

借由劳动仲裁时效制度表达与本质探析的论述，上文尝试完成了对劳动仲裁时效名实相符的立法进路探讨，得出在完成劳动争议解决机制改革的基础上，以"消灭时效"取代"劳动仲裁时效"的称谓的立法建议。但基于行文的统一性，并且尊重现行制度的称谓以使读者明确论文写作对象的考虑，在下文的写作中仍以"劳动仲裁时效"指称。

"法学方法论的研究，从一个侧面为我们的法学建构提供了一种关照的镜鉴，一种特殊的精神气质和建立法学知识标准的某种进路……对于建立法治国家而言，重要的不是提出制度的框架和方案，而是制度设计的方法论依据。"[①]前文以历史社会法学的视角对劳动仲裁时效制度的发展与其展现的立法思维进行了分析与反思，不难看出其背后的应然价值与依托对制度的建立与优化是非常必要的。而名实相符的概念厘清，为我们从法理角度进一步观察劳动仲裁时效制度提供了可能。当从"价值"或功能的实质角度观察法律概念时，这种法律概念常常随着其所负荷价值的根本性或一般性的升高，而被称为法理或法原则，以"正义"具体化的规范成为法律据以建构或所取向之价值。[②] 因此，本章尝试从理念基石、基本支撑、价值追求及评判等方面探讨劳动仲裁时效制度的法理基础，为后续立法论和解释论寻求正当性论证基础与指引。

---

① 舒国滢. 从方法论看抽象法学理论的发展［M］//舒国滢. 法哲学：立场与方法. 北京：北京大学出版社，2010：63.
② 黄茂荣. 论民法中的法理［J］. 北方法学，2018，12（3）：6-7.

第一节 生存尊严的理念基石

根据马克思的理论，作为一种自由自觉的活动，劳动原是人类的本质。但是在私有制条件下，劳动者同劳动以及他劳动生产的对象（劳动产品）之间处于异化的关系之中。劳动偏离了人的本质，外化物化为特定的产品，此时，

> 劳动对工人来说是外在的东西，也就是说，不属于他的本质的东西：因此，他在自己的劳动中不是肯定自己，而是否定自己，不是感到幸福，而是感到不幸，不是自由地发挥自己的体力和智力，而是使自己的肉体受折磨，精神遭摧残……这种劳动不是满足一种需要，而只是满足劳动以外的那些需要的一种手段。①
>
> 异化劳动导致人的类本质，无论是自然界，还是人的精神的类能力，都变成对人来说是异己的本质，变成了维持他的个人生存的手段。②

正是看到了异化劳动扭曲了劳动本质，使劳动者因生存依赖而被迫接受尊严蔑视的后果，马克思提出任何一种解放都不过是把人的劳动"回归于人自身"，即劳动是人的本质这一命题。人类发展的目标是挣脱旧制度的束缚，从受压抑的异化劳动中解放出来，实现人自由全面发展的劳动过程，在劳动过程中展现人的本质之美。③

① 马克思.1844年经济学哲学手稿［M］.中共中央马克思恩格斯列宁斯大林著作编辑局，译.北京：人民出版社，2014：50.

② 马克思.1844年经济学哲学手稿［M］.中共中央马克思恩格斯列宁斯大林著作编辑局，译.北京：人民出版社，2014：54.

③ 赵云伟.深入解读"四个全面"理论内涵：以劳动正义为视角［J］.现代经济探讨，2016（2）：31.

受制于经济与生产力发展阶段水平，我国目前处于社会主义的初级阶段，在坚持公有制主体地位的同时，也需要促进多种所有制经济共同发展；在坚持按劳分配为主体的同时，也坚持多种分配方式并存。这一基本经济制度决定了目前我国的劳动者在市场经济条件下相较于资本仍处于弱势地位。"我们依赖劳力谋生，不论代价高低，均须出售，否则难免饥寒交迫，劳动系最没有防卫力量之财产，唯赖政府之保护。"[①]从法律的角度来看，国家需要通过立法明确用人单位的义务，从而担负起保护劳动者权益的责任。

劳动者团结和国家立法被看作规范劳动关系最有效的两种途径，无论是从时效制度本身的理念还是劳资双方的不对等的现实情况出发，消灭时效制度都要依赖国家立法来完成。劳动仲裁时效是对劳动关系中的权利进行限制为内容的一种制度，是救济权实现的制度约束。而从前文的分析我们也已发现，90%左右的劳动争议都是由劳动者维权而提起的，因此立法在对劳动权利进行限制的时候，需要考虑到这种限制在绝大多数情况下影响的主体是劳动者。"保护劳工，不应仅限于财产关系……劳动关系，除具有财产利益之给付外，尚包括人格上之价值。因而，劳动者人格权之承认与保护，促进劳动环境人道化，亦为劳工法之基本原则。"[②]对于劳动者来说，其劳动过程本身就存在着因异化造成的压抑和妥协，如果消灭时效制度对劳动权利的限制更加严苛和紧缩，会加剧劳动者在权益受损时因强烈的生存需求暂时放弃维权而导致的尊严丧失之感，在短期时效期间的规定下，也会进一步导致已经受损的权益得到救济的可能性大大降低。在保障生存的财产权益已经被剥削和压迫的情况下，因受制于时效制度无法得到充分救济，劳动者自我实现方面的人格尊严减损之感将会倍增。无论法律给劳动者注入多么丰沛的权利资源，过高的维权门槛的设置却将发挥截流功能，使劳动者真正能够获取的劳动权益大打折扣，从而无法实现劳动法作为劳动者权益保护的社会公益之法的立法目标。"法治让所有劳动者得其应得才能使劳动者获得真正的尊严。真正

---

① 王泽鉴.劳工法之社会功能及劳工法学之基本任务：为建立中国劳工法学而努力［J］.台大法律论丛，1977（2）：209.

② 王泽鉴.劳工法之社会功能及劳工法学之基本任务：为建立中国劳工法学而努力［J］.台大法律论丛，1977（2）：214.

的依法治国不是高高在上者的驭民之术，而是尊重劳动者的意志表达与心理认同。劳动者的尊严获得保障才能心甘情愿遵守法律，依法治国才能顺利推进。"①因此在劳动仲裁时效制度的设置上，需要最大程度地保障劳动者自主性和维护人的本质状态，将劳动者的生存尊严作为最根本也是最基础的制度基石予以夯实，否则更多的制度设计都将成为无源之水、无本之木。

第二节　和谐劳动关系的基本支撑

从2007年劳动合同法确立"构建和发展和谐稳定的劳动关系"的立法宗旨，到2015年《中共中央国务院关于构建和谐劳动关系的意见》中提出"努力构建中国特色和谐劳动关系"的重要命题，再到党的十九大报告中指示要"完善政府、工会、企业共同参与的协商协调机制，构建和谐劳动关系"，可以说和谐劳动关系成为劳动法治建设和发展的重要目标指引。其中如何更好地依法处理劳动关系矛盾是构建和谐劳动关系的重要组成部分，而劳动仲裁时效作为劳动争议司法救济的前置制度，和谐劳动关系的构建成为其制度设置的应有之义，发挥制度的基本支撑功能。

劳动仲裁时效制度要构建在和谐劳动关系之上，前提是承认劳动者弱势地位的存在。当和谐成为一种需要通过努力才能构建的关系，那也就意味着劳动关系中的不和谐成为需要被调整的对象。这种不和谐是由市场经济条件下劳资地位的不平等所决定的。

在当下的中国，最为重要的生产要素是资本，因此代表国有资本和私人资本的管理者阶级和资本所有者阶级是占主导地位的阶级；其次是专业和技术人员阶级；劳动尤其是简单劳动几乎是一种无限供给的生产

---

① 赵云伟.深入解读"四个全面"理论内涵：以劳动正义为视角［J］.现代经济探讨，2016（2）：33.

要素，因此劳动阶级是一个从属的阶级。需要注意的是，在劳动、资本、技术、管理四要素中，劳动是最弱小的。①

在社会主义制度下，虽然国家通过社会保障等再分配的方式，解决了劳动阶级的绝对贫困的状态，但是无法在市场经济条件下完全扭转劳动作为生产要素的低廉性，从而决定了劳动者在劳动关系中处在弱势地位的必然性。在劳动合同法立法过程中，法律界曾经就其应该采取"单保护"还是"双保护"进行过探讨，立法机关最后仍坚持了"单保护"的立场，可以说是对劳动者弱势地位以及劳动法作为劳动者保护法的彰显。强弱之间的利益矛盾是劳动争议出现的重要原因，其必然成为构建和谐劳动关系需要解决的问题，也是劳动仲裁时效制度专有化建设必须正视的前提。民事诉讼时效制度建立在民事主体抽象平等性的基础之上，因此时效制度的适用采取平等的对待，而劳动争议的双方当事人并不是平等的主体，在大多数情况下都是强势资方侵害弱势劳动利益，需要法律救济，因此如何调整这种差异化的社会关系，如何在劳动仲裁时效制度中区别于民事诉讼时效制度，直面这种强弱差异并予以有效和公平的调整，是立法必须正视的正当性与合理性问题。

劳动仲裁时效制度要构建在和谐劳动关系之上，需要实现劳资双方在时效制度上的权利平衡。党的十九大报告指出，中国特色社会主义进入新时代，我国社会主要矛盾已经转化为人民日益增长的美好生活需要和不平衡不充分的发展之间的矛盾。以劳动力的使用实现劳动生产的劳动关系，作为生产关系的重要组成部分，是一种最基本、最重要的社会经济关系。社会主要矛盾的化解将劳动关系中存在的问题视为重点，当然性地成为题中之义。"劳动关系是现代社会的晴雨表，和谐、稳定的劳动关系是社会主义和谐社会的重要内容。没有和谐、稳定的劳动关系，就谈不上和谐、稳定的社会关系；而和谐、稳定的劳动关系则取决于劳资双方力量的大致平衡。"② 这种劳资力量的平衡在法律层面的呈现具有十分特殊的面貌。制度、历史等多种因素决定了

---

① 仇立平. 回到马克思：对中国社会分层研究的反思 [J]. 社会，2006（4）：38.
② 肖巍，钱箭星. "体面劳动"及其实现进路 [J]. 复旦学报（社会科学版），2010（6）：112.

我国劳动法并不存在"劳动三权"的认识传统，也缺乏对劳动关系团体性的规制体系。因此通过团体对抗达到劳资力量的平衡是比较困难的，此时往往以国家立法的形式强化对个别劳动关系的介入，将劳动关系运行的诸多规则法定化、强制化，并建立一套高标准的倾斜保护体系，辅之以行政执法保障，从而在一定程度上以静态的法律强制性规定替代动态的劳资内部协商，实现保护劳动者正当权益以及维护劳动关系公正性的目的。① 当前立法将劳动仲裁时效制度作为一项程序性的制度规定在劳动争议调解仲裁法之中，而其立法意见秉持程序法应当体现当事人在程序上平等的原则，对劳动者和用人单位的权益予以平等保护，这种对劳动实体法和劳动程序法在立法理念上的割裂做法在立法过程中就受到了质疑。而如前所述，为了使劳动仲裁时效名实相符，其应该作为一种实体法制度予以规定，通过倾斜保护的方式对劳动者和用人单位行使权利的限制进行差异性设置的障碍可以消除。与此同时从正当性角度予以考察，我们也不难看出基于团体优势的用人单位在维护自身权益能力方面仍然优于个体劳动者（这也一定程度解释了为什么90%以上的劳动争议都由劳动者提出），以限制权利为实质的劳动仲裁时效制度，应对劳动者权利的限制弱于对用人单位权利的限制，相应产生的抗辩权利，则更多地赋予劳动者。这种倾斜性赋权能够帮助劳动者抗衡用人单位因团体性以及惩戒权获得的维护自身权利的优势，以达成劳动救济上的平衡协调。在此种层面上，我们可以说劳动法所追求的和谐是一种"和而不同"的和谐、一种相对的和谐、一种矫正的和谐。②

　　劳动仲裁时效制度要构建在和谐劳动关系之上，需要发挥劳动立法的指引功能。从权利平衡的角度来看，劳动关系和谐的基础是抗衡带来的动态平衡，这是一种硬实力对抗带来的结果。但是从法律规制主体的角度来思考，权利分配方式的合理性带来的内心信服和认可，成为劳动立法指引功能发挥的评价标准。"一种不可能唤起民众对法律不可动摇的忠诚的东西，怎么可能

---

① 董保华，李干.构建和谐劳动关系的新定位［J］.南京师大学报（社会科学版），2016（2）：71.
② 冯彦君."和谐劳动"的观念塑造与机制调适［J］.社会科学战线，2015（7）：213.

又有能力使民众普遍愿意遵从法律？"①虽然目前劳动实体法秉持保护劳动者的立法理念进行了诸多倾斜保护劳动者的制度设计，但是劳动程序法平等保护的立法理念似乎在告诉人们，一旦进入司法救济层面，劳动者和用人单位的地位和进行诉讼的能力就倏地平等了。这种理念转向在一定程度上给资方弱势的观点提供了制度支撑②，是对劳动法产生和存续基础的动摇。每一个部门法在其法律制度的构建中，不能回避的就是其特定的正义价值，这种价值一定程度上可以说是其独立地位的彰显和印证，同时也是指引调整主体正确行为的合理性基础。劳动正义，是以正义对劳动这种人的生命活动及社会劳动关系进行的哲学层面的价值考量和评判，体现为特定道德要求和行为规范。劳动法对劳动正义最核心和本质的体现在于，劳动法律制度的设计必须立足人的自由存在的本质、人性的全面丰富和社会全面进步的原则高度，对劳动关系进行伦理的价值规范检审，守护人的存在价值，提升人的生命尊严，实现人的自由全面发展，促进社会的进步和人类的幸福。③因此在劳动仲裁时效制度上，采取有利于劳动者的立法选择，更加能够彰显用人单位和劳动者在争议能力和地位之间的不平等，更有利于用人单位从制度层面了解、承认和接纳自己的强势地位。这样的制度安排一方面能指引用人单位更加尊重实体法对劳动者权益保护的规定，主动降低因违反劳动法义务给企业带来的冲突成本；另一方面也能增加劳动者与用人单位之间争议的调整空间，让劳动者切实感受到劳动法乃保护劳动者之法，增强守法意识。劳资双方对劳动正义的认可，是指引双方有效地改善个别劳动关系，构建和谐劳动关系的重要保障。

　　劳动仲裁时效制度要构建在和谐劳动关系之上，需要保障时效制度的前

---

① 伯尔曼.法律与宗教［M］.梁治平，译.北京：生活·读书·新知三联书店，1991：43.

② 所谓资方弱势论，在此指的是有部分观点希望通过论述资本及资方在某些情况下并不比劳动者强势来论证用人单位也是弱势一方，并借此希望打破劳动法的劳动者保护之法的基础，提出类似劳动法应该既保护劳动者又保护用人单位的观点，进而使劳动法向民法的方向回溯。这种观点本身多为经济学者基于效率考量而提出，如著名的网红经济学家薛兆丰就曾因明确提出"资本是弱者"的观点引起过舆论的争议。但是在追求公平正义的法学界也有部分声音支持这一观点，似乎囿于古老的民法的思维框架，而对年轻的劳动法的起源和追求理解不足。

③ 毛勒堂.劳动正义：发展和谐劳动关系的伦理诉求［J］.毛泽东邓小平理论研究，2007(5)：43.

瞻性。

　　劳动关系尽管包含着最为强烈的和谐性之要求，在通常情况下却呈现为不和谐的状态或者说存在着不和谐的因素。从另一个角度观之，由于劳动关系为利益共同体的关系表征，劳资双方利益皆维系其中，合作则共赢，冲突则互损。所以，其亦包含着彼此协调、互利共赢的因素。可见，促进劳动关系和谐不仅必要而且可能，亦当然成为劳动立法的使命和宗旨。[①]

从社会关系的角度来看，劳动争议是用人单位和劳动者之间普遍存在的互动形式，这种互动形式的最佳解决途径是在法律的有效调整之下，通过彼此之间的冲突和对抗达到相对平衡的和谐关系。随着经济改革和社会改革进入新的阶段，劳资双方的分化增大，强弱分野的情形更加明晰，快速发展的社会带来了劳动法律制度的高频变化，大大削弱了法律所应该具有的稳定性的要求。"法律稳定性是一项重要的法治原则。基于此，人们才能对自己的未来形成合理的预期，预先安排自己的生活、生产活动计划。朝令夕改、频繁变动的法律，将使人们手足无措，陷入进退两难的困境。"[②]因此法律规范调整劳动关系时，不仅要深刻把握劳动争议呈现的核心问题，还应该对劳动关系所呈现的发展状况具备一定程度的前瞻性，从而使劳动法律制度能够保障一定时间跨度内适应现实生活状况的需求，以前瞻性保障制度的稳定性。如前文所论证的那样，劳动仲裁时效制度经历了应对式思维下的摆荡式和断裂化的历史呈现。尊重历史就应该从历史中汲取营养，应该抓住构成时效制度基础的一般原理和原则，把握未来一段时间劳动争议将呈现出的发展趋势，对新制度进行前瞻性的构建。一方面，在经济结构转型时期，传统劳动密集型产业的转型升级势必带来劳动争议数量的增长。人工智能（AI）技术在如珠三角、长三角等局部发达地区被广泛推广和应用，将极大降低用工成本，流水线工人及越来越多普通劳动者将会被机器所取代。可以预见的是在此过程

[①] 冯彦君."和谐劳动"的观念塑造与机制调适［J］.社会科学战线，2015（7）：213.

[②] 刘风景.审慎立法的伦理建构及实现途径［J］.法学，2020（1）：30.

中，一部分工人必然会面临转岗或者失业，在裁减工人、变更合同等过程中难免会发生冲突。另一方面，科技发展带来的新经济、新业态，将使传统劳动法在调整新的劳动关系中存在空白和滞后，对大量新的用工关系是否能够有效调整带来争议。因此劳动仲裁时效制度需要以更加宽松的制度设计去涵盖这些争议的解决，否则大量个别劳动争议因时效制度的限制不能借由法律程序予以解决，类型化争议的累积最终将可能带来集体争议的爆发，不仅无益于和谐劳动关系的形成，甚至会影响社会的安定和谐。

第三节　实质平等的价值追求

起源于罗马法时代的时效制度可谓是一项十分古老的制度，虽然历经了千年的发展，但其主要制度内容在罗马法时代就已经成型。相比较而言，现代劳动法短短200余年的历史，可谓法律部门中的"后生青年"。劳动仲裁时效将古老时效制度直接移植到年轻的劳动法之中，产生的水土不服不能简单地仅从文本规范中发掘和医治，更重要的是要检视二者在价值追求层面是否契合。只有明确劳动仲裁时效制度的价值追求，才能在具体制度层面进行系统有效的更新。

一、时效制度的传统价值

时效制度具有何种价值是一个经常被提及的问题，虽然在表述上各有区别，但基本上采取的都是多元价值的观点，总结下来包括效率价值、秩序价值和安全价值。

（一）效率价值

效率价值体现在两个层面，一是督促权利人行使权利。认为时效制度的作用在于因尊重某种特定的事实状态，而否定原有的权利关系。权利人长时间不行使权利，造成其没有该种权利的事实状态，该状态虽然与真实的法律关系（即其本身是享有该权利）不一致，但此时权利人成为"权利上的睡眠者"致使其不值得法律对其进行保护，所以法律仍原封不动地尊重该事实状态，并以此承认权利关系，即使另有真实的所有者，真实的债权，也不允许其主张。同时，虽然权利人拥有行使或不行使权利的自由，但自由并非无限制的自由。当不行使权利达到一定期间后，法律以时效制度使其丧失该权利，实现对其消极行使权利的制度限制。①督促权利人尽快行使权利的效率机制体现为，"将生产要素积极投入社会经济生活，促进资金的快速流转，能够最大限度地利用社会财富，实现社会财富增值功能的最大化。"②二是提高法院处理案件的效率。通过督促权利人行使权利，能够在短期内实现法律事实的认定，并且对权利睡眠者的权利限制，简化了法律关系，能够帮助法院降低因案件时间过于久远造成证据认定上的困难，快速判定利益归属，为法院处理所有案件争取了更充分的时间。③

（二）秩序价值

当某一事实状态继续维持一定的期间会让社会大众信以为真，这种信任成为行为的基础，继而建立起多层的法律关系，形成新的社会秩序。此时如果为了维护被早已破坏的旧有秩序而将这种事实状态推翻，那么建立在该事实状态上的新秩序将被摧毁，从而伤害业已形成的新秩序下权利人的利益，引发社会经济秩序的混乱，这将与法律维护社会秩序的目标宗旨相背离。虽然旧秩序因其真实权利的存在而具有正当性，但是这种正当性因权利人怠于行使权利，导致事实状态不清，证据收集核实难度加大等原因被减损，从而丧失了被保护的绝对正当性。④在权衡个人利益与社会秩序的公共利益之后，立法以时效作为"证据之代用"选择了保护后者，"即若权利人因消灭时效届

---

① 郑玉波.民法总则［M］.北京：中国政法大学出版社，2003：491.
王泽鉴.民法总则［M］.北京：北京大学出版社，2009：410.
我妻荣.我妻荣民法讲义I新订民法总则［M］.于敏，译.北京：中国法制出版社，2008：399.

② 陈明国.论诉讼时效价值［J］.西南民族大学学报（人文社科版），2008（10）：203.

③ 王泽鉴.民法总则［M］.北京：北京大学出版社，2009：410.

④ 郑玉波.民法总则［M］.北京：中国政法大学出版社，2003：489-492.
魏盛礼.诉讼时效的理论基础：有待破解的法律之谜：诉讼时效基本理论的反思与我国诉讼时效立法的重新选择（一）［J］.河北法学，2006（3）：3.

满失却其本无瑕疵之请求权，此亦属于关系人须向公共利益付出之代价"①，是为时效秩序价值的体现。

（三）安全价值

安全价值体现为时效制度对信赖利益的保护。

> 一定事实状态永续时，社会将此作为正当的予以信赖，以其为基础建筑起种种法律关系……后日推翻它，返回到正当的权利关系，其上所建筑社会法律关系悉归覆灭。故此，为社会法律关系的安定，有的场合，一定期间继续的事实状态将其作为法律关系，不予以推翻是至当的。时效制度的根本性存在理由，即存在于此。取得时效中这一理由特别显著，消灭时效根本宗旨也是相同的。②

从上述表述可以看出，安全价值更显著于取得时效。同时其与秩序价值的观点有着同因异果的认识，对同样的事实状态的存续引起的时效效力，秩序价值是从新旧秩序谁更应该被保障的角度进行论述，体现为整体秩序的宏观视角。而安全价值则是立足于当事人以对事实状态的信赖所为法律行为的安全保障为价值目标，体现为个体行为和利益保障的微观视角。

二、传统时效价值在劳动争议中面临的现代性挑战

从前文可知，时效制度发端于民事法律制度，因此上文的传统价值都是从民法角度进行的时效制度内在价值的论证。而法律发展至今日，时效制度也在不断地被其他部门法所借鉴，产生了刑事追诉时效、行政起诉时效等具有部门法特色的其他时效制度。虽然民法中的时效传统价值在这些制度中也有着不同程度的体现，但时效制度移植到这些制度中时，都经历了相应的改造以适应制度功能和时代发展，形成了相应部门法的特殊时效价值。

---

① 莱茵哈德·齐默曼.德国新债法：历史与比较的视角［M］.韩光明，译.北京：法律出版社，2012：92.

② 我妻荣.我妻荣民法讲义Ⅰ新订民法总则［M］.于敏，译.北京：中国法制出版社，2008：400.

"法学必须取向于现行法秩序的基本原则，虽然这些基本原则本身具有发展可能性，同时会因历史的演变而受影响，在这个涵义上，这些原则对于未来具有'开放性'。"[①]劳动法作为一个新兴的部门法，有独立的调整对象且形成了独特的调整方法，在时效制度的移植上同样也需要思考传统时效制度在劳动法调整的现代背景下是否具备更新的必要性，这成为我们探讨劳动仲裁时效制度的重要理论基础。从与民法调整社会关系的区别入手，可以发现劳动法在时效制度上需要考虑的现代化的价值追求，受到以下几个方面的影响。

（一）社会分层的理论冲击

近代民法以保障商品的所有关系和交换关系为己任，因此在理论基础上将民事主体抽象为完全自由平等的个体，并不考虑个体与个体之间在社会地位、经济实力等诸多方面的差异。在完全的自由平等的理念之下，形成了民法上的财产权绝对、契约自由、过失责任等基本法理。这种平等性导致某一主体在形成不同的民事法律关系中，既可以是请求权人亦可以是被请求权人。因此对时效理论而言，其同样无须考虑当事人的个体差异而进行同样的适用，在特定争议的价值考量上，不考虑争议双方的差异性，而只将该特定争议的权利人利益与效率、秩序、安全等社会公共利益相比较，以牺牲个体利益成全社会公共利益。

然而"出现在近代市民法的人的概念，乃是一种脱离实存的、具体的、经验的人类，而以拟制构想的抽象人格为对象的虚幻产物"[②]。随着人们对资本主义工业社会研究的深入，马克思及其之后的学者发现和论证了社会分层理论，即在市场经济体制下，市场机能决定了资源的分配，从而进一步决定了个人在社会结构中的地位。而社会资源占有的不同，催生了社会成员、群体间的层化或差异现象，使主体间的平等人格成了一种虚幻。我国的社会分层的理论研究以改革开放和市场经济为基础，关注伴随着人民生活水平提升同时出现的社会资源分配不均，进一步产生的社会结构中的分层现象。认为我国的社会分层主要表现为市场经济下的职业分化，其影响主要体现在体力与

---

① 卡尔·拉伦茨.法学方法论［M］.陈爱娥，译.北京：商务印书馆，2003：77.

② 蔡茂寅.社会法之概念、体系与范畴：以日本法为例之比较观察［J］.政大法学评论，1997（58）：391.

非体力劳动者之间、管理者与非管理者之间的社会经济差异扩大。其中个体劳动者和产业工人被认为处于整个社会结构的中下阶层，而掌握了生产资料的所有权、使用权、经营权等经济资源的企业主和经理层则位于上层或中上层。[①] 而随着改革的推进，以经济资源为基础产生的财富分化和集中化程度更高，形成了不同的社会利益群体。阶层结构出现了定型化的倾向，使人民主观上产生了公正失衡的不公正之感，造成了社会结构紧张的局面。[②]

> 以抽象人格确定具体行为规范的民法理念的运用……不能消除这种机制可能导致的弱肉强食、两极分化的社会结果，契约自由的贯彻也因当事人实力、地位和能力的差异而走向实质的契约不自由，而且先天的差异和后天的差别将使一部分弱势群体在自由竞争中面临生存危机。为了矫正单纯以民法理念建构市场经济法律制度的局限性，形成了一种更为广泛地正视社会现实、尽可能以具体人类为规范对象、追求社会实质公平的全新法律思维，而基于这种思维的具体立法以及法理论则被称为社会法。[③]

因此可以说，社会法修正了民法的个体绝对平等的建构基础，取而代之的是被经济、社会等诸要素所左右的实际的、具体的、差别的人格，需以法律权利义务上的不对称设置，对私权附加社会义务从而限制私权的滥用，以期达到实质平等和社会正义的制度目标。

在社会分层理论之下，我们可以更加清晰地看出，发生劳动争议的用人单位和劳动者之间并不具备平等的地位。劳资双方所形成的地位差异是一种客观存在的社会结构，当人们从主观方面去感知这种客观结构的时候，由于一定程度上认可这种差异的产生源自市场竞争机制下的财富分配，本身并不会产生内心的过度排斥。但是在发生劳动争议的情况下，因享有管理权和惩戒权，用人单位在维护自身权益上本就具有优势地位，造成90%以上依赖于

---

①　陆学艺. 当代中国社会阶层研究报告［M］. 北京：社会科学文献出版社，2002：7-9.

②　李强. 当前我国社会分层结构变化的新趋势［J］. 江苏社会科学，2004（6）：93-99.

③　陈甦. 社会法学的新发展［M］. 北京：中国社会科学出版社，2009：10.

劳动司法救济解决争议的都是弱势的劳动者。而即便在劳动司法程序中，经济地位的强势也将进一步保障用人单位在仲裁诉讼能力方面的优势。此时与解决争议紧密相关的时效制度，在设计和适用上继续忽视这种差异，不仅影响个别劳动者的维权能力，还给劳动者群体利益维护造成实质不公平的制度障碍，带给劳动者权利救济的公正失衡之感，加剧不平等的社会结构的进一步紧张，也为社会矛盾的产生提供了土壤。[①] 因此，从劳动仲裁时效的价值考量来说，就不能简单从效率秩序的角度去权衡个案中的当事人利益与社会秩序的公共利益，而是应当衡量如何在用人单位和劳动者群体利益的保护上达到实质性的平等维护，让劳动者切实感受到国家通过立法和司法的力量起到补偿和平衡的作用，弥合了因社会分层造成的劳资维权差距。当公平和正义这一法律根本目的和价值缺失时，其他价值也就失去了存在的合理性基础。

（二）技术发展的效率缩减

如前所述，传统时效珍视效率价值的主要原因在于"保护债务人，避免因时日久远，举证困难，致遭受不利益"[②]，尤其是物证、书证等证明力较强的证据形式，时间的延长的确会增加对证据真实性、合法性和关联性的审查难度。但是相较于纷繁复杂的民事争议主体，劳动争议中的双方当事人（用人单位和劳动者）是特定和清晰的。具有用工主体资格的单位，无论是从遵循法律规定还是从完善自身管理的角度而言，都需要健全相应的人力资源管理机制，因此其对于劳动争议涉及的证据的保存具有非组织体所不具备的优势。这一点在劳动争议举证规则上面也可以得到相关印证。我国劳动争议举证责任遵循"谁主张，谁举证"的一般规则，但是在"与争议事项有关的证据属于用人单位掌握管理的"以及针对特定劳动争议两种情况下，实行举证责任倒置，由用人单位承担证明责任。[③] 这些规定都是对用人单位具有较强的举证

---

① 李强. 改革开放30年来中国社会分层结构的变迁［J］. 北京社会科学，2008（5）：52.

② 王泽鉴. 民法总则［M］. 北京：北京大学出版社，2009：410.

③ 其中特定劳动争议主要包括两种情况。一是因用人单位做出的开除、除名、辞退、解除劳动合同、减少劳动报酬、计算劳动者工作年限等决定而发生的劳动争议，由用人单位负举证责任。二是针对劳动者主张加班费。劳动者应当遵循一般原则就加班事实的存在承担举证责任，但劳动者有证据证明用人单位掌握加班事实存在的证据，用人单位不提供的，由用人单位承担不利后果。

能力的一种肯定。而科技的发展对劳动仲裁时效效率价值的减缩主要体现在三个方面。一是用人单位保存相关证据的能力在不断提高。与传统纸质档案保存的难度相比，数字化技术的应用已经可以大幅度减轻用人单位证据保存的人力和时空成本。未来以大数据、区块链等技术作为支撑，数据或信息的"不可伪造""全程留痕""可以追溯""公开透明""集体维护"等特征将愈加强化，这些都将极大地降低举证对时间条件的依赖。二是从劳动者的角度来看，现代技术的发展同样也提高了其举证能力。比如：钉钉等上班打卡APP的出现，对证明劳动者身份、加班情况等都具有十分强的证明力，便于数据存储和提供的同时也可以以第三方平台的中立性保障相关证据的真实性。三是技术促进了平台经济等新型用工方式的不断出现。这使劳动关系存在的方式和类型在不断创新，权利义务关系更趋复杂，为了诚信和谐劳动关系的建立，更有效地保障劳动者的合法权益，都需要对劳动仲裁时效期间的设置进行新的思考。[①] 可以说，随着科学技术的发展，劳动仲裁时效对于因举证困难而考量效率价值的必要性在降低，为了保障效率而牺牲公平的正当性基础也在减弱。

（三）从属性下的平等考量

"在一切的法律制度中，现代人最不愿采用并不愿使它产生合法后果的原则，就是罗马人所知的'时效取得'和在'时效'名义下一直传到现代法律学的原则。……现代法律家对于'时效'的看法，起先是嫌恶，后来则是勉强赞成。"[②] 作为一种以时间经过消减权利的设计，消灭时效制度从来都没有被停止过正义的质疑，在传统时效价值中所论证的效率、秩序和安全价值是"勉强赞成"的依据，但是时效制度对人类社会形成的道德观念和正义理念的冲击并未因传统价值的确认得到全部的缓解，而在劳动争议中，这种不正义感无疑因劳资双方差异性主体地位产生的从属性被放大。

---

① 这点与民事诉讼时效制度的改革考量具有异曲同工之处。民法总则为了更好地保护债权人的合法权益，将诉讼时效期间由原来的两年增加为三年，但在征求意见的时候，很多专家学者都认为三年的时效期间仍然过短，不少人提出了增加到五年的建议。可见过短的期间限制对保护权利人利益是十分不利的。

② 梅因．古代法［M］．沈景一，译．北京：商务印书馆，1959：161.

大陆法系采从属性为劳动者定性，虽然关于从属性的表述不一，但在描述从属性时都以民法上特定的合同类型进行对比。在德国法上，往往以从属性之表征区分劳动合同与承揽合同。在日本法上，则以使用从属性为解释起点形成两个判断标准：一个是作为监督指挥下的劳动，一个是作为劳务对价的报酬。我国台湾地区则通过1992年的司法裁判将劳动者从属性具体表征为：一、人格从属性，即受雇人在雇主企业组织内，服从雇主权威，并有接受惩戒或制裁的义务；二、亲自履行，不得使用代理人；三、经济上从属性，即受雇人并不是为自己营业劳动而是从属于他人，为他人之目的而劳动；四、纳入雇方生产组织体系，并与同僚间居于分工合作状态。① 可见，虽然尚未形成一致的认知，但是对于劳动者在劳动关系中的从属性的存在以及其与一般民事合同存在差异达成了共识。从人格从属性的角度来看，从属性使劳动者需要遵守用人单位因用工自主权设定的规则或者限制性要求，表现为用人单位通过行使指示命令权和惩戒权压抑劳动者自行决定的自由权。② 在人格从属性之下，用人单位可以通过行使上述权利来最大程度地保障自身权益，而劳动者在自身权益受损的情况下往往会延续自由意志被抑制的状态，并不会在第一时间选择维护自身权益，甚至会基于自身的忠实义务认为对用人单位的权益侵害需要一段时间或程度上的合理忍耐。从报酬给付上的经济从属性和组织从属性来看，劳动报酬是劳动者维持自身生存的物资来源，服从用人单位的用工管理并最大程度地保障自身工资能够得到全额给付是维持劳动者作为人的生存需要的重要保障。当劳动者面临非极端性权利侵害时，在理性权衡维持生存的紧要性和维权的必要性之后，往往会选择暂时搁置权利救济，因此多数劳动仲裁往往都发生在用人单位极端侵害劳动者生存权的情形下或者在劳动关系终止之后被提起。

基于人格从属性、经济从属性和组织从属性的分析，时效传统价值在劳动争议中面临着因从属性关系的存在，致使用人单位和劳动者维护自身权益的能力存在显著差别的情形，这也导致劳动者不是传统时效制度认定的"权利的睡眠者"，而是"权利的被抑制者"，这种抑制的根源就在于用人单位与

---

① 李海明.论劳动法上的劳动者［J］.清华法学，2011，5（2）：125.

② 黄越钦.劳动法新论［M］.北京：中国政法大学出版社，2003：94.

劳动者的不平等地位使劳动者在维持生存还是维护权利之间必须进行选择，这种选择虽然是一种理性思考的结果，但同时更是一种理性下的无奈选择。在此种情况下，劳动者并非怠于行使权利而不值得法律保护，反而是弱势的、亟须法律对其进行倾斜性保护的一方。同时，时效制度如果忽视劳动关系中的从属性，对双方进行制度上的同等设计，将极大缩减弱势的劳动者维权的时限，变相增加用人单位的违法意愿，降低违法成本。毕竟与被侵权劳动者的数量相比，选择维权的劳动者仍是少数。

（四）制度构建的秩序安全保障

财产权制度是私法中的基本制度，因财产的占有与所有人可以分离的制度设计，民法格外强调"促进流转""交易安全""信赖保护"等价值，秩序和安全成为民事关系赖以生存的制度需求。正是基于这一原因，时效制度才以交易秩序和交易安全的理由打破法律对正当权利的绝对保护。

在劳动法制度中，这种秩序和安全的需求更多体现在用工关系中，即从用人单位的角度来看，需要保障劳动者劳动力使用的独占性和稳定性，避免劳动者因建立多重劳动关系带来管理使用上的困难与障碍。但是由于劳动力的特殊商品属性，使其无法与劳动者本身相分离而存在，因此保障了用工关系中的事实状态与真实状态的高度一致性。此外劳动法中基于监管设置的劳动合同备案制度、社会保险与劳动关系相链接的制度等都在很大程度上保障了劳动法的秩序和安全。因此在时效制度中，即便劳动者在一定期间并没有积极维护自身权益，这种事实状态的持续也不太会造成社会对其信任并以此为基础建筑其他劳动关系的可能性，也就无法因外在表现形成合理信赖而只能产生制度信赖，由此时效制度对促使劳动者行使权利以保障秩序和安全价值的重要性被淡化。反观用人单位一方，尤其是以企业为代表的主体，在现代企业多重架构、公司有限责任等制度设计下，往往可以一身多角的面貌出现，并且利用制度空缺实现自身利益最大化。因此劳动仲裁时效制度对于维护劳动法秩序和安全的价值负担将被减轻，在制度设计上应对劳动者予以倾斜。

三、劳动仲裁时效的现代价值定位

基于上文的分析可以看出，劳动仲裁时效面临现代性挑战的根本原因在于年轻的劳动法打破了传统民法中平等主体的前提基础。民法中的时效制度建立在主体平等的基础之上，因此权利人主张自身权利是自由的，是不会被抑制的。所以在平等自由的状态下不行使权利，将给效率、秩序和安全价值带来损害，产生了时效制度对该项权利不受法律保护的合理性。然而在劳动争议中，双方主体的地位并不平等，这种不平等是劳动法制度设立的基础，带来了劳动法调整的特殊方式和特别制度。在社会分层理论、从属性关系理论、劳动法特殊制度以及科学技术发展的影响下，传统时效制度的效率、秩序和安全价值受到了不同程度的削减。当然削减并不意味着湮灭，这些价值仍然是劳动仲裁时效制度价值的重要构成，只是因为其被移植的部门法所具有的特点，需要我们思考在不同的法理念之下，现代的劳动仲裁时效制度是否还有更加契合自身理念的制度价值。

鉴于造成劳动法和民法制度分野的重要原因是劳动法主体的不平等性，这成为我们思考劳动仲裁时效现代价值定位的指引。当忽视了这一前提，将民事诉讼时效制度移植到劳动法制度中时，会造成劳资双方在时效制度适用上的实质不平等，在相同制度设定下实际上更加限制了劳动者一方的救济权。[①] 而且从另一个方面来看，"消灭时效之要旨，并非在于侵夺权利人之权利，而是在于给予义务人一保护手段，使其无须详察事物即得对抗不成立之请求权"[②]，在劳动争议90%以上都是用人单位作为义务人的现实情况下，适用过于短期的时效制度无疑是在进一步增强用人单位逃避义务的能力，维护的是用人单位侵害劳动者所形成的新秩序。因此实质平等应该成为劳动仲裁时效的现代价值，并予以重点考量。从国家统计局发布的2015—2018年数据来看，集体劳动争议案件数量占劳动仲裁机构受理的当期案件的比例分别为1.29%、1.17%、0.96%和0.97%，不仅数量少而且还有下降的趋势，可见当前

---

① 这在时效制度被移植到其他部门法中是没有发生的。典型的如刑事追诉时效和行政诉讼时效制度，二者在移植时效制度时，都不涉及不平等主体的同样适用问题。刑事追诉时效是限制司法机关追究犯罪人刑事责任的有效期限，行政诉讼时效则是限制具体行政行为人对行政机关提起行政诉讼的期限。二者都是对单方主体的限制，因此不涉及劳动法中存在的问题。并且二者也都结合自身部门法的制度需求发展出具有自身特色的时效制度，这也是劳动仲裁时效制度应该借鉴的立法理念和品质。

② 迪特尔·梅迪库斯.德国民法总论［M］.邵建东，译.北京：法律出版社，2000：91.

企业所发生的劳动争议以个别劳动争议为主，个体冲突仍为主流，集体行动已不太常见。因此我国的劳动争议的现实情况仍是劳动者个体与用人单位集体之间的对抗，争议中的不平等因集体争议机制的欠缺并不能借助劳动者团体组织的力量有效消减，个体劳动者维权的困境依然存在。就时效制度而言，通过国家立法的方式保障劳动者的实质平等仍是目前最有效的方式。

第四节　劳动者仲裁可行能力的评判引入

一、社会法治国的理论借鉴

党的十八届四中全会提出全面推进依法治国的重大战略任务，依法治国已成为党治国理政的基本方略。在社会主义法律体系建成的制度基础上，如何进一步以法治方式和法治思维来回应中国社会的现实问题成为新的命题。随着中国特色社会主义进入新时代，我国社会主要矛盾已经转化为人民日益增长的美好生活需要和不平衡不充分的发展之间的矛盾。

这一主要矛盾的转变说明了在生产落后状态下的"人民日益增长的物质文化需要同落后的社会生产之间的矛盾"已经得以化解。进入新时代后，人民在生存需要得到满足之后，更加追求高层次的发展需要和精神需求，尤其是"民主、法治、公平、正义、安全、环境等方面的要求日益增长"。发展的不平衡不充分成为制约满足人民美好生活需要的主要因素，其中因民生问题与人民生活息息相关，成为破解这一制约的重中之重。因此在对劳动法进行制度构建时，需要我们坚持以依法治国的战略为指引，为劳动者提供优质的法律公共产品，解决劳动关系中利益不平衡不充分的矛盾。

从法治的历史源流来看，西方法治思想的历史生成和演变有着两条路径，一种是普通法系中的英美路径，另一种是大陆法系中的法德路径。英美的法治路径是在内政意义上用以确定社会政治秩序边界，因此是普通法的宪政主义下的规则之治和国家主权论下的政制之治相结合的产物。普通法的传统规则与政治自由主义的国家主权结合在一起共同塑造了英美的法治秩序，也就是以法律之治和有限政府为其主要内容。而大陆法系中的法德路径，与英美路径不同的是，从法治理念产生之初，就将法治与国家联系在一起，形成"法治国"的概念，不仅强调法治的普遍性、抽象性和维护个人自由权利的至上性，同时也强调国家权威，不断寻找法治与国家之间的联系，以浓厚的国家色彩或者政治权力来塑造社会的法治秩序。① 从这一点出发，并结合社会经济、法治和文化的传统，德国的法治国理念更加贴合我国的历史和国情，相较于英美的法治理念更有可借鉴的基础。虽然政治体制上存在差别，但由于"法治国"的目的是以"法治"为目标并以此评判国家行为，所以属于国家目的的范畴。"把政体范畴和国家目的范畴区分开，并指明法治国原则属于国家目的范畴，从理论上能够推演出这样的结论：法治国原则与任何一种政体都没有内在的必然关联，进而，法治国原则与任何一种政体都可以结合。"② 处在社会主义初级阶段的中国，虽然在经济发展上处于后发，但由于经济发展规律的普遍性，这种后发的劣势在法律制度的借鉴上反而可以转化为一种优势。德国作为发达资本主义国家，其在不同经济发展阶段的法治思想的演变，可以结合我们国家的发展阶段，借鉴吸收形成有中国特色的法治思想。

德国的法治国理论经历了三个阶段的历史发展。一、18世纪末到19世纪30年代的自由法治国阶段。这一阶段的法治国的目的是反对专制的君主制度，保护个人自由权利的实现，所以强调保障法的自由本性，国家只有在个人权利受侵害时才以法律的形式出现。这一阶段的法治国在本质上是实质法治国，在一定程度上与英国的法治、有限政府的理念相同。二、从19世纪30年代到20世纪初的形式法治国阶段。这一阶段虽然从本质上来看仍然属于自由法治国，但其经历了从实质法治国向形式法治国的转变。随着实证主义倾向的发展，德国对早期法治国中诸如法律至上、国家行为的合法性、司法和法官独立等法律形式要素的要求逐渐凸显，走上了形式化的法治道路。这一阶段法律的工具性被放大，在法治理念中逐渐放弃了法律的自由实质，强调法律的

---

① 高全喜. 思想的界碑：西方政治思想史讲稿［M］. 杭州：浙江大学出版社，2012：217-223.

② 刘刚. 德国"法治国"的历史由来［J］. 交大法学，2014（4）：14.

形式，具体表现为与带有集权社会技术性的行政紧密关联。一方面强调行政权力与行政行为的合法性、合职权性、可预测性和可控制性；另一方面则通过建立行政法院对行政行为进行控制和审查。因此这一阶段的法治国又被称为"法律国"或者"司法国"。①三、20世纪初以来的社会国法治国阶段。单纯强调形式性保障的自由法治国在随着政治形势与社会生活的发展，越来越被认为是一种构建起来的虚假保障，忽视了法律条文背后所应该具有的价值追求。

> 在德国民法典的形成过程中可以看到市场的力量无法保障每个人最低程度的生存条件，自由贸易和财产自由原则也无法缓解个人面对市场时可能出现的经济困境。薄弱的社会安全制度导致大量的农民、手工业者和工人缺乏最基本的物质生活保障，进而带来社会的失序和动荡。针对在自由主义法治观统治下的法律秩序无法解决的问题，劳动法应运而生，并舍弃民法中私人自治原则，通过公法性质的法律来调整劳动关系。②

这种转变意味着社会国观念的兴起，并主要以行政权力的行使来代表国家的力量实施积极的社会政策，从而实现实质公平正义的社会国理念。"令人担忧的是，在社会国之中，对基本权利的保障及民主与法治的作用则会被缺乏定向和监督而一味追求总体效率的国家干涉和专家治国质疑，甚至有被消除掉的危险。"③为了解决这一问题，德国学者进一步提出，社会国应该与法治国通过民主立法、司法机构监督等民主方式相结合，进而发展出社会法治国的概念。

"矛盾是事物发展的动力和源泉"，社会基本矛盾运动推动着社会的发展

---

① 高全喜.思想的界碑：西方政治思想史讲稿［M］.杭州：浙江大学出版社，2012：238-241.

② 张志铭，李若兰.迈向社会法治国：德国学说及启示［J］.国家检察官学院学报，2015，23（1）：33.

③ 李哲罕.社会国还是社会法治国？——以当代德国法治国理论为论域［J］.浙江学刊，2020（3）：63.

进步。社会法治国观念产生和发展的历程就是这一唯物辩证法的完美印证。自由法治国观念的出现源自国家和社会的二元对立，是国家公权和市民社会的私权对抗达成的一种暂时均衡。而随着自由法治国中的形式平等损害了实质公平的社会期待，上述均衡被打破。国家和社会的二分界线开始不那么泾渭分明，个体自由的最大威胁不再被认为是国家，而是代表难以抑制的粗放市场的资本力量，此时与之对应的劳工阶层在对抗资本的过程中，将国家从权利的侵害者转变为权利的保障者，认为有必要以议会为载体积极地介入社会经济领域，以实现工业社会中的实质正义价值。

"事实上的平等"所依据的评价标准，毋宁是产生于近代社会主义思想，注意到社会权力的不平等关系，进而认为，如果不考虑到这种社会权力的不平等关系对于立法或制宪过程的影响，从一开始，立法或制宪过程所制定出来的法律或宪法，它们的内容可能就是一种歧视的产物，并且保障了既有的歧视，结果就是用表面法上的平等包装了社会事实上的不平等。①

社会国观念在这一思潮下顺势而生。而福利国家制度下对行政技术的过分依赖，使

政治系统被转变成了一种计划与管理的技术性机构，它不是建立在民主同意的基础上，而是建立在不同的政党与利益集团的实用主义的讨价还价基础上。因此，国家就丧失了它最初所具有的代表性的——或者真正政治的——品格；它与公民所期待的重要的、理想的（或者真正属人的）发展方向没有了关联；它通过技术性的手段获得正当性——在社会中通过技术方法分配资源与消解利益不平衡……由于法律与政治不断强调物质福利，公民作为正当民主权利与法律的理想主体，会堕落成物

① 钟芳桦.社会法治国下的平等观：Hermann Heller 论形式平等与实质平等之关系［J］.辅仁法学，2017（53）：180.

质分配、管理与技术分配的单纯被动的对象。①

此时，社会国被认为必须和法治国的概念相结合，通过在调整社会政治经济对象的法律制定程序中纳入民主意志来保证法律的正当性。"在我国推行市场经济的过程中，资本和劳动的矛盾也势必会存在。我国宪法虽然不采用法治国和社会国的表述，但面临的问题在本质上是类似的。当前的市场经济与民生建设并举的策略，已经显示出我国当政者清醒认识到这一矛盾，并积极采取应对举措。"②可以说德国社会法治国理念一定程度上契合和回应了我国现阶段主要矛盾转变下的民生法治问题。在集体谈判权和团体争议权力量不彰的背景下，劳动仲裁时效制度作为解决劳动者与用人单位之间劳动争议的前置性法律制度，如何通过国家立法的方式在制度中灌注社会法治国理念，通过立法和司法或者准司法权力的行使保障劳动者有效对抗用人单位的优势地位，以达至实质正义，成为我们思考劳动仲裁时效制度的有益借鉴。

二、可行能力概念的缘起

可行能力的概念是由有"穷人的经济学家"之称的印度学者阿马蒂亚·森提出的，其先后通过《正义的理念》《以自由看待发展》等著作，形成了发展—自由—可行能力的概念联结，对如何评价发展提出了自己的观点。阿马蒂亚·森的基本观点是将自由作为发展的评判标准，其原因在于物质的丰裕并没有有效改变大规模剥削、贫困和压迫的旧问题，同时又催生了许多经济与社会生活的新问题，那么对一个国家和社会的发展水平的评价就不应该狭隘化为"国民生产总值（GNP）增长或个人收入提高或工业化与技术进步或社会现代化等的观点"③。只有通过强化个人主体地位才对解决这些苦难具有中心意义，因此得出发展在本质上应该是人类享有的实质自由的扩展和增长

---

① CHRIS T. German Political Philosophy：The Metaphysics of Law ［M］. London ：Routledge，2006：306.
　李哲罕.社会国还是社会法治国? ——以当代德国法治国理论为论域［J］.浙江学刊，2020（3）：66.

② 刘刚.德国"法治国"的历史由来［J］.交大法学，2014（4）：19.

③ 阿马蒂亚·森.以自由看待发展［M］.任赜，于真，译.北京：中国人民大学出版社，2002：1.

这一重要论述。在此基础上，实质自由被定义为人们向往和珍视的那种生活的"可行能力"。"一个人的'可行能力'指的是此人有可能实现的、各种可能的功能性活动组合。因此可行能力是一种自由，是实现各种可能的功能性活动组合的实质自由（或者用日常语言说，就是实现各种不同的生活方式的自由）。"[①]"能力方法"用"个人在生活中实现各种有价值的功能的实际能力"来评价生活质量，这种方法所要回答的问题不是"某个人是不是满意"，也不是"某个人能够支配多少资源"，而是"某个人实际能够做什么或处于什么状态"[②]。在这个意义上，可行能力的考量被认为是正义的实质内涵。

三、劳动者仲裁可行能力引入的价值和功能

社会法治国和可行能力虽然分属法学和经济学的范畴，但二者的共性体现为对工业社会发展中的实质正义的剥夺的关注，都希望通过强化个体的主体地位来实现对实质不公平的矫正作用。在社会法治国的法理背景下引入可行能力的考量对劳动仲裁时效制度来说具有实现实质平等价值的意义。社会国与法治国的结合，可以从价值层面肯定劳资争议中劳动者弱势的法律地位，并以此为指引借助法律制度形成中的民主机制实现法治层面的制度构建，为劳动者在仲裁时效制度上的实质平等适用提供制度依据，因此具有建构性的意义。在此基础上引入可行能力，则可以进一步发挥其对实质平等价值实现的工具性意义。在社会法治国概念下赋予劳动者在仲裁时效上的实质平等的权利，需要将劳动者可行能力这一伦理性因素纳入考量，在劳资双方能力悬殊的现实情况下，实体法在纸面上赋予劳动者的权利是否真正能够在实践中得以实现，其前提是劳动者是否具备相应的可行能力，即是否能够自由地享有和处分制度所赋予的实质平等权利的能力。由此，劳动者可行能力引入劳动仲裁时效制度可以实现以下三个层面的功能。

一是立法完善的功能。可行能力的引入能够体现法律伦理和促进劳动关

---

① 阿马蒂亚·森.以自由看待发展［M］.任赜,于真,译.北京:中国人民大学出版社,2002:62.

② 袁祖社.实践理性视域内"资本逻辑"和"劳动幸福"的关系辩证:基于阿玛蒂亚·森"自由与可行能力"的理论［J］.上海师范大学学报（哲学社会科学版）,2020,49（3）:31.

系和谐发展。法律的伦理性是法律正当性的必然要求。在劳动争议中，个体意义上的劳动者能否有效行使劳动争议权，首先呼唤的是对争议权的有效法律保障，这种立法制度是劳动者捍卫主体劳动地位、维护劳动尊严以及劳动成果的基础。在立法过程中将劳动者仲裁可行能力的获得和不断提高纳入考量，有利于在制度层面满足"劳动法是保护劳动者之法"的伦理要求，从而建立起劳动仲裁时效制度的正当性基础。"资本逻辑是无情的、弱肉强食的、残酷竞争的动物般生存的逻辑……与资本逻辑的本质不同，'劳动的逻辑'是人的自由个性和自由自觉本质之自我确证的逻辑。"[①]劳资双方在逻辑上的差异从伦理的侧面展示出将可行能力纳入劳动仲裁时效制度的立法考量，实际上解决的是劳动者隐含着的自由平等行使诉权的利益需求。用人单位一方的优势地位能有效保障自身权利，同时能极大地抑制劳动实体法所赋予的劳动者应享有的利益。而劳动对劳动者来说，是实现自我、自由、自觉本质的重要方式，但是在劳动过程中却被异化为维持自己生存的手段，为了维持生存在很多时候不得不放弃维护自身利益的权利和自由。在立法中关注劳动者仲裁可行能力，才能化解劳动权在理论上的富足与现实中的赤贫的鲜明反差，从而实现劳动仲裁时效制度法律伦理的正当性要求。和谐劳动关系是劳动仲裁时效制度的基本支撑，当从关系视角出发想要达成一种和谐时，不能忽视的前提便是这种和谐必须是在双方主体的互动中得以实现。这种互动的良性发展一定建立在双方主体能力的平等之上，若双方能力存在显著差异，则处于弱势一方的主体权利的行使势必处于被压制的状况中，这种压制如果得不到制度上的限制和约束，将会进一步固化甚至是扩大。

中国传统的劳动法治往往仅关注劳动法的实施，忽视了广大劳资主体对法的实施的能动反应，特别是广大劳动者都俨然成为劳动法治的客体。有鉴于此，理论界应当将研究聚焦在劳动法的实现层面上，从动态的视角考察劳动法被置于社会系统之后各相关主体的能动反应状况，特

---

① 袁祖社．实践理性视域内"资本逻辑"和"劳动幸福"的关系辩证：基于阿玛蒂亚·森"自由与可行能力"的理论［J］．上海师范大学学报（哲学社会科学版），2020，49（3）：30.

别是要将广大劳动者的真实诉求作为理论研究的逻辑起点。[①]

目前劳动仲裁时效制度中没有考虑劳动者的仲裁可行能力相对于用人单位的薄弱性，单纯地以程序法的平等保护来对待难免形成对制度正当性的拷问和质疑。劳动仲裁时效制度纳入劳动者可行能力考量，以差异化的制度设计保障劳动者和用人单位在实质上的仲裁能力的平等，能够与劳动争议的有效解决形成正相关和累进性，在源头上减少用人单位侵害劳动者权利的恣意和傲慢，这种立法上的合伦理性反过来对合目的性有着促进作用，有利于和谐劳动关系的形成与实质平等的价值追求的实现。可以说立法对劳动者仲裁可行能力的引入，是借鉴社会法治国理念建设劳动仲裁时效制度的正当性构建基础和评价标尺。

二是司法裁量衡平准则的功能。"整个劳工法，是以保护劳工为目的。此不但为劳工法之立法原则，同时也是劳工法之解释原则，换言之，劳工法之规定有疑义时，原则上应做有利于劳工之解释，盖非如此，不足保护弱者之权益也。"[②] 立法的抽象概括性与实践的纷繁多样性之间永远存在着矛盾，劳动者仲裁可行能力的引入实际上是对如何实现保护劳动者这一劳动法基本原则的可操作化，在立法引入对劳动者仲裁能力考量的基础上，将给司法者解决时效疑难问题提供自由裁量的依据，进而成为司法个案利益衡平的准则。而劳动者仲裁能力的考量也能够极大程度地发挥司法的能动力。

能力进路探讨的不是该权利是否在法律上得到保障，而是人们是否有机会利用这个权利，利用的机会是否平等，利用这个权利的障碍在哪里。有时法律在字面上有着非常吸引人的平等权利，却没有向人们提供能力意义上的机会，因此，能力进路要求法官能够想象在不同类型的环

---

① 陈永福. 以可行能力看待劳权：劳动法治的现实进路 [J]. 中国劳动, 2016(18)：41.

② 王泽鉴. 劳工法之社会功能及劳工法学之基本任务——为建立中国劳工法学而努力 [J]. 台大法律论丛, 1977(2)：213.

境下人的选择和行为的能力的不同。①

　　要求法官不能只停留在抽象的制度和规则之内进行三段论式的演绎推理，而是要以保护弱者的劳动法原则和伦理为指导，辅以自己的知识和经验，审视案件的所有细节来尽可能地还原劳动者仲裁权利行使的实际现实，致力于减少不考虑劳动者仲裁可行能力带来的不公正，而非局限于寻找绝对的公正。

　　三是法律制度代偿功能。随着改革开放的推进，中国的市场经济进入了一个高速发展的阶段，为了追求经济发展而牺牲其他利益成为令人诟病却无奈的现实选择。在这其中，劳动者权益就是被牺牲的"其他利益"中的一种。从浓厚计划经济时代的劳动关系向市场经济体制下的劳动关系转变，中国劳动关系必须在短时间内完成发展和转型的双重任务，这种重叠交错的发展使中国劳动关系出现"强资本、弱劳工"的格局，而国家在以经济建设为中心和构建和谐社会的目标下，形成了压制型的劳动体制，"资本可以按照市场经济的逻辑来运作，劳工却不被允许以有组织的方式来表达自己的需要和利益"②。这进一步造成了劳动关系存在"政治上的国家主人与现实中的弱势群体""较先进的劳工立法与较恶劣的劳工处境""庞大的工会组织与软弱的维权能力"三大悖论的结构性问题。③从全局视角来看，这种结构性问题的出现是国家处在特定历史时期政策选择的结果，有着相对的必然性和合理性。但从劳动关系的视角来看，劳动法必须对结构性问题的出现做出制度回应，致力实现部门法对劳动关系调整的公平和正义。当劳动者集体劳权难以得到有效保障时，在劳动争议解决中更需要注重劳动者个体争议能力以实现制度的代偿功能，其中当然也包括劳动者仲裁可行能力的重视和提升。虽然，劳动者个体能力的引入并不能完全补足集体劳权的缺失，但仍不失为现行制度下的一个有益途径。

① 贺利云.妇女权利平等保护的能力进路［D］.北京：中国政法大学，2009：131.

② 岳经纶.在维权与维稳之间：中国劳动关系的困境与出路［J］.探索与争鸣，2013（9）：48.
对于压制型的劳动体制，作者认为其包括：相对亲资本的发展型国家；歧视性的劳动力市场；农民工结社权的缺失；地方政府与资本的共谋；效率高于公平的政策话语；半军事化的生产管理体制的具体特征。

③ 岳经纶.在维权与维稳之间：中国劳动关系的困境与出路［J］.探索与争鸣，2013（9）：48-50.

第五节 小结：从"平等的自由"到"自由的平等"——劳动仲裁时效制度的法理转向

"凡是热忱讨论法律哲学的任何地方，对于'时效'的理论基础问题，总是热烈地进行争辩的。"[①]消灭时效作为一种因特定时间经过导致权利人权利丧失的制度，其难以与人们一般理解的道德观念和自然正义观念相契合，因此从其诞生之日至今一直受到正当性的质疑。因此劳动仲裁时效制度的构建和完善必须解决的前提性问题就是其正当性问题。

从本质上来看，劳动仲裁时效制度是对权利人行使司法救济权自由的限制，当前仲裁时效制度将劳动者和用人单位视为平等主体，认为在劳动程序法中应该赋予双方行使司法救济权平等的自由。"自由……不仅包括我做自由的事，而且也包括我自由地做这些事。不然，建筑师同海狸的区别就只在于海狸是披着兽皮的建筑师，而建筑师则是不披兽皮的海狸。"[②]脱离主体去谈论自由，在法律规范的构成要件上赋予不同主体平等规范予以平等适用，这种形式上的自由在实质上反而造成弱势一方的不自由和不平等。通过劳动者仲裁能力的引入，在劳动仲裁时效制度中确认劳动者的弱势地位并不会在劳动仲裁阶段就有了质的飞跃，在立法制度上仍然需要一定程度的倾斜保护；促使劳动立法由单一授权模式向可行能力保障模式发展，排出因不考虑劳动者可行能力进行权利设定的立法方式所造成的立法和权利实现之间的真空；重视劳动者权利行使自由的过程与机会，关注劳动者在仲裁时效制度适用中是否能够发挥主体的能动性和自主性，为法官在案件裁量中提供可以依凭的准则。劳动者仲裁可行能力的引入，体现了社会法治国理念对实质平等价值的

---

① 梅因.古代法［M］.沈景一，译.北京：商务印书馆，1959：162.

② 马克思恩格斯全集：第1卷［M］.中共中央马克思恩格斯列宁斯大林著作编译局，译.北京：人民出版社，1995：181.

追求，对劳动者能力的关注和提升有利于实现实质平等基础上的和谐劳动关系的构建，从而在根本上实现劳动者通过行使司法救济权满足自身生存尊严的基本权利。

可以说劳动仲裁时效制度要脱离形式正义走向实质正义，需要在制度上实现从"平等的自由"向"自由的平等"的法理转向，自由主义之下的法律平等的分配自由的表象无法掩盖能力不平等的主体无法获得权利平等实现的现实。通过对劳动者仲裁可行能力的关注，来尽可能保障劳动者与用人单位拥有的自由能够得到平等的实现，将正义的评判从形式平等向实质平等转变，才是劳动仲裁时效制度正当性的应有之义。

第四章

劳动仲裁时效应然规则的立法探讨

由前述历史梳理可以看出，经过相当摆动的立法历程，于2008年实施的劳动争议调解仲裁法对仲裁时效做出了较大的调整，尤其是在延长仲裁时效期间、细化时效中止与中断的法定情形、对拖欠劳动报酬的争议实行特殊仲裁时效制度等方面，得到了实务界和学界相当程度的认可。然而，"纠纷的类型和回应纠纷的方式，在不同的社会中会呈现不同的特点——事实上，即便在同一个社会中，不同的群体之间也会存在差异。最基础的社会价值乃至文化认同决定了纠纷的本质、恰当的纠纷状况回应以及合适的救济途径"[①]。由于对劳动争议这一特定争议类型的认识和回应的不成熟，以及在制度立法理念的审思、对劳动仲裁时效本质探析、对制度正当性理论基础探究方面存在着不足，劳动仲裁时效制度在适用对象、期间和起算点规定上仍存在可以探讨的空间。

第一节 劳动仲裁时效适用对象——基础制度

一、现行立法规定与主要争议归纳

从制度发展的历史来看，劳动立法对于仲裁时效适用对象从未有过清晰

[①] 西蒙·罗伯茨，彭文浩.纠纷解决的过程：ADR与形成决定的主要形式［M］.2版.刘哲玮，李佳佳，于春露，译.北京：北京大学出版社，2011：2.

的规定。在2008年劳动争议调解仲裁法出台以前，由于没有明确申请仲裁期间的性质，适用对象的争议被淹没在仲裁期间性质的争议之下，只要属于立法规定的劳动争议皆可适用。而2008年实施的劳动争议调解仲裁法虽明确了仲裁时效的法律属性但对概念并无界定，对申请仲裁期间仅表述为"劳动争议申请仲裁的时效期间为一年。仲裁时效期间从当事人知道或者应当知道其权利被侵害之日起计算"。这种劳动立法上沿用的规范习惯，此时产生了劳动仲裁时效适用对象的争议，其中又以劳动关系的确认是否适用仲裁时效的规定为主要表现，法律条文的模糊性造成了司法实务中同案不同判的情况。

认为确认劳动关系应该适用仲裁时效主要持以下理由。其主要法律依据是劳动争议调解仲裁法第二十七条关于仲裁时效的规定和第二条关于劳动争议调解仲裁法的适用范围的规定，认为劳动争议调解仲裁法对适用的劳动争议进行了列举式的规定，包括"因确认劳动关系发生的争议"，而仲裁时效条文中的"劳动争议"，并未做出不予适用的特殊规定，因此所有的劳动争议都应该适用仲裁时效的规定。截至2020年6月，通过检索地方司法文件，对于该问题做出规范适用的有吉林省、天津市和江西省，皆持该观点。① 发文单位除了吉林省为高级人民法院外，其余还包含了人力资源和社会保障部门，即在仲裁和诉讼中进行了统一适用。

认为确认劳动关系不应该适用仲裁时效的观点则主要认为其与传统民事诉讼的理论不相符。传统民事诉讼依照当事人提出诉讼的内容和目的不同可分为给付之诉、变更之诉和确认之诉。给付之诉提起的基础在于当事人在实体上享有的请求权，请求权因长时间不行使会造成效率、秩序、安全等价值

---

① 吉林省高级人民法院《关于审理劳动争议案件法律适用问题的解答（二）》中规定："劳动者要求确认劳动关系的，是否适用仲裁时效规定？劳动者与用人单位因确认劳动关系发生争议，用人单位提出仲裁时效抗辩的，适用《中华人民共和国劳动争议调解仲裁法》第二十七条的规定。"天津市高级人民法院、天津市人力资源和社会保障局《关于审理劳动人事争议案件的会议纪要》中规定："确认劳动关系之诉的仲裁时效问题。依据劳动争议调解仲裁法第二条、第二十七条第一款的规定，劳动者申请仲裁确认劳动关系的时效期间为一年。从其知道或者应当知道权利被侵害之日起计算。"江西省高级人民法院、江西省人力资源和社会保障厅《关于办理劳动争议案件若干问题的解答（试行）》中规定："确认劳动关系争议的申请仲裁时效应如何确定？确认劳动关系争议应当适用《中华人民共和国劳动争议调解仲裁法》第二十七条第一款规定的申请仲裁时效。"

的减损，被诉讼时效制度所约束。变更之诉又被称为"形成之诉"，其基础在于当事人在实体上享有的依单方意思表示使民事法律关系产生、变更及消灭的形成权。形成权须经权利人行使方产生效力，且不以相对人同意为要件，若长时间不行使将会使法律关系处于不明确的境况，且极大影响相对人权益，因此法律在制度上设置了除斥期间制度，按照法律规定或者当事人约定确定形成权存续期间，逾期不行使将导致权利人权利的消灭，因而变更之诉不适用诉讼时效制度。确认之诉是当事人请求法院认定某种法律关系存在与否的诉讼，在部分情况下以民事实体法上的支配权为基础。由于确认之诉本身只就特定法律关系是否存在做出判断，并没有给付内容，因此在时间上并无限制必要，既不适用除斥期间，亦不适用诉讼时效。否定说以此理论为基础，加之认为劳动争议因适用民事诉讼程序属于民事诉讼的一种，因而认定确认劳动关系作为确认之诉，不适用仲裁时效制度。

二、两种争议观点的局限性

以上两种观点对确认劳动关系争议是否适用仲裁时效制度都提出了较有说服力的见解，但二者在结论上的冲突，仍然提示我们需要进一步思考这种冲突的来源以及解决冲突的方法。不难看出，上述两种观点各自都存在着思考路径上的依赖性和局限性。

肯定说的观点，更多依赖的是文义解释的方法。由于法律对劳动仲裁时效的概念并没有进行精确界定，对于特定争议是否能够被涵摄到该概念之下，文意解释就不够清晰明确。依文义解释来确认在制定法上具有相对的优先性，其适用本身是合理的。当然对于以请求权为基础的劳动争议，确属能够被仲裁时效概念清晰涵摄的对象并无争议，而确认劳动关系的争议则因为属于确认之诉，无法清楚是否能落入劳动仲裁时效的概念之内，此时须由法律适用者或学者来论证明确。但是在适用文义解释确认劳动关系争议是否适用仲裁时效制度的过程中存在以下两方面的问题。

一是没有对仲裁时效中的"劳动争议"的语词模糊予以厘清。

> 从应然角度来看，法律必须是明确的……法律一旦模糊不明，必然导致法律规范的无效和人们交往的无序。……模糊不明是一切法律都可能存在的病灶之一，其基本症状是，法律词汇表达的意思究竟是什么并非很明确。但法律的统一性、明确性和对人们交往行为的调节的规范性要求法律人不能放任法律意义的模糊。①

劳动调解仲裁法第二条所列举的劳动争议，指的是整部法律适用范围意义上的劳动争议的类型，而第二十七条所提及的劳动争议，指的是适用仲裁时效的对象。由于立法并未对劳动仲裁时效概念予以界定，才导致司法和学界对于仲裁时效适用的劳动争议是否应该限缩产生了争议。从立法的发展来看，既往时效相关规定是在没有确认时效属性下做出的，因此其使用的劳动争议的概念并不具有迫切解释的必要性，但在劳动调解仲裁法已经明确仲裁时效属性的情况下，我们就需要从消灭时效的角度去理性地界定、理解和使用该法律概念。同时，文义解释要求法律适用者或学者不能恣意地做出这个决定，不能仅因为法律适用范围和仲裁时效制度中出现的相同文字就进行简单的等同，必须附具有说服力的理由。而我们看到上述提及的持肯定说的各地方司法文件，并没有进行阐释，只是以规范性的语句表达认可，这种解释与其说是解释，不如说是一种指令，并不能对争议的解决提出让人信服的理由。

二是局限于文义解释的适用本身。文义解释在法律解释中处于优位，但是当文义解释不能够提出足以令人信服的理由，甚至只找出两个概念中的部分相同字眼时就止步于此，是不能达到有效解释的效果的。若不能通过援引法律规范的文意进行相关解释，就需要采取其他解释方法进一步厘清。比如：通过体系解释的方法，我们可以对肯定说提出的核心质疑是，当劳动仲裁时效与诉讼时效都属于时效制度这一体系时，为什么在确认之诉上二者之间产生了矛盾性的认识？换言之，确认之诉在劳动争议解决中需要适用时效的特殊性何在，以至于其能够突破体系解释的无矛盾的要求？此外，我们还可以通过目的解释对肯定说进行后果考察，"目的论解释的正当性并不是来自立法

---

① 谢晖．文义解释与法律模糊的释明［J］．学习与探索，2008（6）：114.

者的权威，也不是来自于其从法条文本推导出结果的正当性，而是从这些结果的有益性导出。也就是说，在特别的程度上，后果考察必须能够用'有益性'的标准来衡量。"①通过目的性考察，我们不仅要明确肯定说采取的解释是否符合劳动仲裁时效制度的目的，而且要证明该目的是有益且公平的，此外还必须清楚解释的结果在满足目的有益性之外，是否会一并带来其他的负面效果，这些负面效果是否会抵消甚至超过目的实现的有益性。肯定说从解释的后果来看，最大的益处在于能够将一些确认劳动争议之诉以超过时效期间的理由排除实质审查，由此会进一步消减需要以此确认之诉为基础的其他的给付之诉进入司法程序的可能性，有利于减少法院的受案数量和压力，并有益于稳定可能已经形成的其他劳动关系和秩序。然而，这些对效率和秩序价值的追求，不能牺牲最基本的公平和正义，不能以减损劳动仲裁时效制度的正当性为代价。"倘若法律适用者一味地热心追求他认为有益且具高度价值的目的，而没有看到其解释结果所引起的其他效果，这样是很危险的。"②肯定说必须面对作为劳动者保护之法的立法目的之拷问，并且要面临因无法通过确认劳动关系而产生的其他劳动权益无法实现的负面效果，以及随之而来的社会风险。当然，除了文义解释的绝对优先适用外，体系解释和目的解释等法律解释的古典方法之间没有绝对的优先规则或者使用顺序。但是当文义解释无法得到正当合理的结论时，就应该采取其他解释结果最为清楚合理的解释方法。

否定说的观点则更多局限于民事诉讼的框架来思考劳动争议。从时效制度的体系来看，劳动仲裁时效的确脱胎于民事诉讼中的时效制度，同为因时间经过产生法律效果的法律事实，二者在制度性质、功能、基础理论等多方面具有高度的统一性，因此以民事诉讼时效的传统理论排除确认之诉时效适用有着合理性。但是当否定说完全局限于民事诉讼的传统理论去认识劳动关系确认之诉时，在本质上是将劳动争议等同于民事争议来处理。而我们前述已经论证了决不能将劳动争议完全等同于民事争议，根本原因在于民事争议

---

① 英格博格·普珀.法学思维小学堂：法律人的6堂思维训练课［M］.蔡圣伟，译.北京：北京大学出版社，2011：74.

② 英格博格·普珀.法学思维小学堂：法律人的6堂思维训练课［M］.蔡圣伟，译.北京：北京大学出版社，2011：74.

的解决机制建立在抽象平等的主体之间，而劳动争议却产生在不平等的劳动者与用人单位之间。因此否定说缺少对劳动争议特定性的分析，在论述上没有继续往前一步，论述基础的薄弱削弱了观点的说服力。即便是在民事诉讼的框架之下，我们仍然可以看到《民法典》总则对诉讼时效的制度发展，也展示出民法对特定价值倾向予以特殊保护的趋势。《民法典》第一百九十六条，对于某些特别的请求权规定了不适用诉讼时效的规定，其中包含了"请求支付抚养费、赡养费或者扶养费"的情形。可见立法对于基于亲属血缘关系产生的亲权、配偶权、亲属权等身份权而产生的请求权，给予了时效制度上的倾斜保护。主要考虑近亲属中的年幼、年老及劳动能力缺乏的一方，需要通过请求权来实现自己生活来源的保障，如果此等请求权受时效制度的限制，将会严重影响请求权人的正常生活，于此规定不适用诉讼时效。这条立法隐约显示了民法对社会法理念的一种触及，在人身关系的属性下，凸显了对弱势一方生存权利的保障，这种实质正义的置顶湮灭了诉讼时效制度设置的正当性。可见，即便在民法的基础上去探索劳动仲裁时效制度，也不必完全拘泥于民法的传统理念，仍然可以对制度进行细化和改良。

三、正当性考量下的适用对象思考

结合肯定说和否定说两方的利弊，通过劳动法视角，以正当性判定确认劳动关系争议是否应当受到仲裁时效制度的调整，可以为我们正确定位劳动仲裁时效制度的适用对象提供一条新的路径。结合确认劳动关系争议的具体情形，我们可以从争议提起的主体和目的两个方面来具体分析。

（一）争议提起的主体

绝大多数情况下，争议提起的主体都是劳动者。这一情况我们可以在吉林省高级人民法院《关于审理劳动争议案件法律适用问题的解答（二）》中得到印证，其中提到"劳动者与用人单位因确认劳动关系发生争议，用人单位提出仲裁时效抗辩的，适用《中华人民共和国劳动争议调解仲裁法》第二十七条的规定"。这一规定绝非想表达在确认劳动关系争议中，只有劳动者要求确认时，用人单位才可提出时效抗辩，而用人单位要求确认时，劳动者则不可以提出。只不过因为实务中，基本上都是劳动者一方提起确认劳动关系，主要因为劳动关系的确认更有利于保护劳动者权益，而对用人单位则意味着更高的用人成本和更重的法律责任，因此用人单位缺乏确认劳动关系的动机和理由。此外用人单位在订立劳动合同时的决定性与掌控性地位，具备混淆法律关系的有利条件，劳动者认为建立劳动关系并以此为基础维权被用人单位拒绝承认时，就需要借助仲裁和诉讼来对此进行证明。由此可见，确认劳动关系的诉求，是维护劳动者权益的重要保障性前提。劳动法突破确认之诉不适用诉讼时效制度的传统理论，实质上影响的是处于弱势地位的劳动者一方的利益，与劳动法是保护劳动者之法的基本原则相背离，不具备突破的正当性基础。

（二）争议提起的目的

确认劳动关系争议往往是劳动者为了实现其他请求权而提起的前置争议。正是因为这种原因，导致部分司法机关认为确认之诉成了劳动者使用的一种仲裁和诉讼的手段，占用司法资源且将带来后续给付之诉，增加司法负担。尤其是即便确认之诉胜诉，但后续的给付之诉仍将可能因对方提起超过仲裁时效的抗辩，无法得到相应的救济。因此直接以超过仲裁时效驳回确认之诉，能减少上述情形的发生。

上述做法显示出，部分司法机关认为即便确认劳动关系的请求得到支持，劳动者也极有可能在后续给付之诉面临仲裁时效抗辩，无法满足实质性的诉求，徒增劳动者的救济成本。这种以为劳动者谋利的动机，限制劳动者司法可行能力的做法，体现了权力机关的"家父主义"理念。法律上的家父主义建立在对传统法律构建的主体绝对理性的批判之上，本身并不是绝对负面的观念。在近代自由平等的理念影响下，绝对理性人是将个体抽象为平等主体，认为每一个具备年龄和心智成熟的个体都拥有相同的独立自主处分个人权益的能力，并通过理性的判断精确地知晓如何保障自身权益最大化的假设。但是这种理论上的真空化假设是不存在的，由于各种因素的影响，主体之间在认知和实践上存在着各种差异，个人的有限理性导致其决策和行为并不一定能带来最有利的后果。法律上的家父主义的存在，正是建立在主体的有限理性之上，为了提高个体的利益增加社会的福祉，认为国家可以通过行使权力来合理限制个体自由。在司法层面体现为运用司法权力限制当事人的诉讼权利，从而保护当事人权利及社会公共利益等。我们国家近些年提倡的能动司法就颇具家父主义的色彩，"其核心价值取向为司法权主动、积极、充分地利用一切可用的合法资源，运用各种可能的司法手段，追求法律、社会、政治等多重效果的统一"①。否定说在一定程度上是家父主义理念在能动司法工作思路上的体现，然而无论目的多么良善，都需要借助法律效果层面的检视，明确严格地界定其适用的边界，防止以"父爱"之名对当事人权利和自由予以恣意的限制甚至是剥夺。

基于对社会效果和公共福祉的共同追求，法律家父主义和社会法在基本理念上有着天然的契合，也是法律社会化发展的必然趋势所致。②因此在正当性判定的价值取向上，法律家父主义与劳动仲裁时效制度有着相当程度的一致性，并且能为后者的证成提供理论支撑。司法机关肯定确认劳动关系适用仲裁时效制度的出发点包含了考量因劳动者缺乏对后续败诉风险的认知，是为了保护劳动权这一基本人权下的利益而限制劳动者司法救济权的能动司法。但是细究之下，我们可以发现这一做法呈现出相当程度的粗暴，在实施层面会发生相当程度的异化，使其偏离家父主义的正当性，也扭曲了劳动仲裁时效制度的正当性逻辑。

首先，能动司法并不意味着司法权的扩张和位移。

　　我们所说的能动司法，指的是法院立足审判职能，发挥主观能动性，以应对世界金融危机对国内经济和社会的不良影响，回应社会广泛而深刻的转型发展的需要。这种所谓的能动司法，只是法院努力履行审判职能意义上的能动，而不涉及也不可能涉及司法权能的扩张以及不同政府部门之间的权力位移。③

---

① 王一.我国"能动司法"的含义与限定：与"司法能动主义"的比较辨析 [J].当代法学，2012，26（3）：15.

② 总结相关学者的研究，家父主义对权利人进行限制正当性主要集中于以下几个方面，一是为了保护行为人的利益，帮助行为人规避风险；二是必须在行为人能力缺失的情形下；三是其保障的应该是公民的基本人权；四是需要当事人的同意（包括推定的理性同意）。此外还包括经济效率、分配正义等考量。
黄文艺.作为一种法律干预模式的家长主义 [J].法学研究，2010，32（5）：10-13.

③ 张志铭.中国司法的功能形态：能动司法还是积极司法？[J].中国人民大学学报，2009，23（6）：39.

也就是以时间阶段来看，能动司法只能存在于法院受理案件之后，在处理纠纷的过程中积极发挥能动性，但是并不意味着需要打破司法的被动性与谦抑性，在仲裁或诉讼的发动和案件受理阶段就积极能动。因此，对于确认劳动争议有可能带来的给付之诉，不应该作为确认之诉阶段司法机关适用仲裁时效制度的考量，否则这将在一定程度上限制劳动者的申诉权。此外，法律家父主义下的此等能动司法，在打破劳动者完全理性的个体假设之后，又预设了一个具备更强理性能力的司法机关，认为司法机关在实务层面的智识和经验决定了其比劳动者自身要更加清晰和明了如何最大化地实现利益诉求。但是这种预设并不具有绝对性，社会现实中纷繁复杂的多元化利益诉求决定了司法机关的专业知识和经验带来的普遍性认知并不一定优于当事人的个性化需求。不仅如此，我们还需要提防随之而来的另外一种风险，即如果司法机关对劳动者救济权的限制，并非完全出自对劳动者自身利益的考量，取而代之的是司法机构的效率、经济发展的政策目标等，那么这种功利甚至多变性的司法精神可以说是我们前述劳动仲裁时效制度"应对式"立法思维在司法阶段的传承。不仅亟须转变，同时也会带来司法权和行政权之间的位移和混淆，使原本应该履行的正义地适用法律定分止争的职能的司法者，变成了履行政治、经济和社会公共事务管理职能的行政者。

其次，单纯的限制能力并不利于劳动者仲裁可行能力的提升。法律家父主义的正当性前提之一就是行为人能力存在缺失，这种缺失在法律的惯常意义上指的是受年龄和智力因素影响的未成年人和精神病人，但是也有主张即便是具有完全行为能力的成年人也会因信息缺失、判断偏差等因素导致其行为能力的缺失，仍要违反其意志来避免遭受伤害的后果，此时需要对限制能力的干预进行道德上的证成。[①] 可见肯定确认劳动关系适用仲裁时效制度，显示了司法机关并非单纯将劳动者看作弱势一方，而是暗含这种弱势带来了理性上的缺失，这种"弱而愚"的设定使司法机关选择将确认劳动关系之诉适

---

① 这两个不同的观点形成了家父主义上的两种分类，前者被称为软家父主义，后者则被称为硬家父主义。

孙笑侠，郭春镇.美国的法律家长主义理论与实践[J].法律科学.西北政法学院学报，2005（6）：111-112.

用仲裁时效制度，以限制其在此基础上进一步提出的给付之诉。然而，这种简单的限制能力的做法并不能满足劳动者仲裁可行能力提升的正当性要求。所谓劳动者的弱势，并非绝对的弱势，而是一种相对于用人单位优势地位的弱势，是在生存需求和被管理状态下的一种争议权行使自由的受限。这种可行能力的缺失并不是理性上的缺失，相反在很多时候其体现为一种理性下的无奈选择。法律规范在制度设计上应该思考的是如何将劳动者仲裁可行能力提升到与用人单位对等的程度，使其能够以各种可能来维护自身权益的实质自由。而肯定说的设定，一方面扩大解释了时效适用的对象范畴，另一方面对给付之诉的考量在实质上是以司法机关代替用人单位行使时效抗辩的权利，在本质上仍然秉持的是主动适用时效的做法，与2017年《劳动人事争议仲裁办案规则》的制度变更相冲突。从能力的角度考量，这种主动适用不仅限制了劳动者的仲裁可行能力，进一步提升了用人单位在劳动争议中的能力，拉大了劳动者与用人单位可行能力的差距，还不具备伦理上的正当性和实践上的合理性。

最后，对劳动者救济权的限制并不保证劳动者利益一定能得到维护。对劳动者权利限制的出发点是否完全为了劳动者自身的利益本身存疑。从司法机关的角度来说，这样的做法有牺牲劳动者权益追求自身机构效率之感。劳动仲裁时效制度梳理部分呈现出近些年劳动争议数量的井喷之势，在仲裁机构和法院人手不足的情形下，劳动争议的大幅度增长的确给司法机关带来了巨大的办案压力，但是这种机构运行上的困难不能通过缩减劳动者的权利来解决，对时效制度的扩大适用将劳动者合法诉求排除在司法救济之外，使弱者陷于自身权利最后一道屏障也无法得到保护的极大的不公平之感。从用人单位的角度来说，当然性地减少了因劳动者维权带来的争议成本，毋庸赘言。而仅从劳动者角度来看，这种限制也并非能达到维护劳动者利益的目的。一方面，劳动者司法维权的费用成本并不高。为了鼓励维权并考虑到劳动权益对劳动者维持生活的重要性，劳动争议调解仲裁法、诉讼费用交纳办法等规则对劳动争议的司法救济费用采取定额制，并极大地予以降低。其中劳动争议仲裁不收费，劳动争议仲裁委员会的经费由财政予以保障。劳动争议案件每件诉讼费用仅需10元。^①即便劳动者的申诉请求有可能面临用人单位的时效抗辩而得不到支持，但是以成本和有可能产出的效率分析来说，选择司法救济并非一个高度不理性的行为，没有需要司法权从家父角度予以爱护的强烈必要性。另一方面，实务中大量的职业病鉴定、工伤认定、缴纳社会保险等需求的实现，需要以确认劳动关系作为前提。这一类型的案件涉及社会保障安全网功能的实现，如果因确认劳动关系适用时效制度而丧失主张的权利，会极大伤害劳动者的生存尊严，使用人单位易于规避自身的社会义务，也不利于入职离职程序的规范化建设。

四、小结

由于法律没有对劳动仲裁时效及其适用对象做出明确界定，致使实务中对确认劳动关系是否适用时效存在肯定和否定两种观点。两种观点都提出了自己的判定依据，但是也反映了各自的局限性。肯定说主要借助文义解释在制定法上的相对优先性对确认劳动关系是否适用仲裁时效进行判定，但是存在着适用不清和局限适用的问题。否定说虽然有着传统时效基础理论的支撑，但是其论证局限于民事诉讼的框架，在本质上将劳动争议等同于民事争议在处理，减弱了合理性。因此尝试探索从劳动法的部门法视角，以正当性思考来确认劳动关系争议是否应当适用仲裁时效制度的新路径。从争议提起的主体角度分析，确认劳动关系不应该成为时效制度的适用对象。因为大多数情况下劳动者是提起确认劳动关系的一方，突破确认之诉不适用诉讼时效制度的传统理论，在实质上将影响弱势地位的劳动者维护权益，与劳动法是保护劳动者之法的基本原则相背离，不具备突破的正当性基础。从争议提起的目的角度分析，确认劳动关系也不应该成为消灭时效制度的适用对象。确认劳动关系争议往往是劳动者为了实现其他请求权而提起，这成为肯定说受司法

---

① 有观点认为，劳动争议申诉费用过低也造成了一些问题，如易使企业不尊重仲裁结果，滥用诉权，企业明知仲裁阶段的处理结果准确，向法院起诉必将败诉，依然会恶意诉讼，以拖延时间，刻意为难劳动者。造成劳动者的合法权益保护不及时，增加法院的案件工作量。而因诉讼费与标的额不挂钩，劳动者易提出过高诉讼请求，导致劳资双方矛盾更易激化等。

机关采纳的重要原因，其背后体现了能动司法的法律家父主义思维。在社会效果和公共福祉的共同追求下，法律家父主义和社会法在基本理念和正当性判定上虽然有着天然的契合，但确认劳动关系适用仲裁时效制度的考量将导致司法权的扩张和位移，并不利于劳动者仲裁可行能力的提升，也不能确保劳动者利益能够得到结果上的最大化。

　　以确认劳动关系是否适用仲裁时效这一实务中焦点问题入手，我们可以看出在适用对象问题上，尊重消灭时效制度的既有理论框架是一个合理的选择。劳动仲裁时效想要打破既有框架做出特殊化的规定，需要通过制度正当性的检视。通过实践检验和理论分析，这种将形成权纳入劳动仲裁时效适用对象的尝试不仅不能有效保障劳动者的权益，一定程度还会造成负面溢出效应，因此确认劳动关系不应该适用消灭时效。此外，按照传统消灭时效制度的理论，对于以撤销权、解除权为代表的形成权适用除斥期间制度。形成权的产生源于私法主体之间的绝对平等的前提设定，这种绝对平等的赋予不需要对方同意，仅凭单方意志就能行使权利。在雇佣合同被看作民事合同受民事法律调整的时代，以单方解雇权为代表成了雇佣合同关系中的形成权。然而随着社会法理念的产生和发展，人们意识到这会造成劳动者的就业权极大地受制于雇主的解雇权，就业权根本不可能完全实现。于是国家开始积极介入，通过解雇权行使的社会化和客观化对雇主的解雇权予以规范。① 可以说，形成权在劳动法中存在的空间已经被极大限缩，在司法救济程序中也多以赔偿金、违约金等形式转化为请求权来实现，仅在因劳动者过错解除劳动合同时，有探讨除斥期间存在的合理性。综上，劳动仲裁时效仍应该以传统的请求权作为其适用对象，立法应该通过对劳动仲裁时效概念予以界定的方式来明确适用对象问题。

---

① 解雇权的规范化，即解雇权的社会化和客观化。所谓社会化主要是从宏观的角度来说，工会、国家在解雇中发挥了重要作用；所谓客观化是指就解雇本身而言，解雇法要求解雇的理由、程序越来越"客观化"。

张平. 法国劳动法中解雇权的变迁及其启示［J］. 清华法学，2012，6（2）：170-171.

第二节　劳动仲裁时效的期间——核心制度

一、消灭时效不同期间类型的法律意义

消灭时效的期间决定了权利人的权利能够获得司法保护或者权利存续的时间限度，法律对消灭时效期间长短的设定将极大影响权利人权利实现的时间范围，因此期间被视为时效的核心制度。从各国的立法例来看，对于消灭时效的期间一般采取分类规定的方式。

一是一般消灭时效期间。一般消灭时效通常由立法统一进行规定，适用于除特殊规定情形外的所有民事法律关系的消灭时效。各个国家及地区对一般消灭时效的规定的期间各不相同，有长者如奥地利30年，荷兰、葡萄牙规定为20年；中间者如我国台湾地区及澳门地区的15年，瑞士、意大利、瑞典等国的10年；短者如法国的5年，德国、俄罗斯的3年，越南的2年，等等。我国的《民法典》在总则部分规定："向人民法院请求保护民事权利的诉讼时效期间为3年。"相较于原民法通则中规定的一般诉讼时效的2年时效期间增加了1年。二是特殊消灭时效期间。特殊消灭时效通常以特别条款或者单行立法的方式来规定，适用于特定的法律关系。以《日本民法典》为例，对于不同的请求权分别设计了5年、3年、2年及1年的短期消灭时效。① 这种立法方

---

① 5年的短期消灭时效适用于"任何定期履行1年或更短时间交付金钱或其他东西的索赔"；3年的短期消灭时效适用于"医生、分娩助理或药剂师就诊断、婴儿分娩协助或准备药物的任何索赔""从事工程设计、执行或监督的人就建筑工程提出的任何索赔""律师、法律专业公司、公证人，在律师、法律专业公司有关案件终止3年后，以及公证人履行职责后，对所收到的与律师、法律专业公司有关的文件，应当免除其责任"。2年短期消灭时效适用于"关于律师、法律专业公司或公证人职责的任何索赔，如果在案件结束2年后未行使，即应予以取消""与制造商、批发商或零售商销售的任何产品或商品的价格有关的索赔""关于其业务是制造任何产品或在自己工作场所为他人的利益而利用自己的技能下订单的任何人的工作索赔""提供艺术和科学教育或技术技能的人就学生的教育、衣食和住宿价格提出的申诉"。1年的短期消灭时效适用于债权1年未执行的"与雇员薪金有关的索赔，按一个月或任何较短的期限确定；与业务为提供自己的劳动或娱乐的任何人的报酬有关的索赔，或该人提供的任何东西的价格；与运输运费有关的索赔；涉及房费、餐饮费、入场费、消费商品的价格或要偿还给任何旅馆、提供食物和饮料的旅馆、座位租赁设施或娱乐场所的费用的索赔；和与动产租金有关的索赔"。

式被各国广为采纳，整体看来呈现以下几个方面的特点：第一，特殊消灭时效制度通常比一般消灭时效的期间短；第二，多采取多层次、递减性的立法设置；第三，一般上限为5年、下限为1年或6个月；第四，事由虽繁杂多样，但大致包括定期给付债权、租金、利息、股息等孳息性质的金钱债权、劳务报酬请求权、抚养赡养费请求权、商业经营性债权等。[①] 此外，部分国家还规定了长期消灭时效，如《德国民法典》就土地交易产生的请求权规定了10年的消灭时效，比一般消灭时效的3年期间更长。我国法律也规定了特殊消灭时效期间，2017年《民法典》总则部分率先制定实施，其中对于诉讼时效部分的规定进行了调整，取消了原民法通则中短期消灭时效适用的规定，并规定"法律另有规定的，依照其规定"。而以单行立法方式规定的其他特殊消灭时效很多是在原民法通则实施期间制定的，少部分在民法总则实施后进行了修订，出于比较研究的需要，将其按照民法总则实施的2017年为界限整理归纳于表4.1。可见我国对于特殊消灭时效的规定包括了短期消灭时效和长期消灭时效两种。三是最长消灭时效期间。最长消灭时效期间是对各类权利司法保护的最长期间。我国《民法典》中规定："自权利受到损害之日起超过20年的，人民法院不予保护。"说明对于民事权利而言，其最长的消灭时效期间为20年，这一规定从民法通则时代延续至今。

表4.1　2017年前后我国消灭时效期间的法律规定

2017年之前					2017年之后				
实施年份	法律名称	期间	请求权	最长时效期间	实施年份	法律名称	期间	请求权	最长时效期间
1987	民法通则	2年	一般民事权利	20年	2017	民法总则	3年	一般民事权利	20年
		1年	身体损害赔偿请求权；出售质量不合格商品赔偿请求权；租金给付请求权；寄存财物丢失损毁赔偿请求权。						

---

① 杨巍.民法时效制度的理论反思与案例研究［M］.北京：北京大学出版社，2015：258-259.

续表

2017年之前					2017年之后				
实施年份	法律名称	期间	请求权	最长时效期间	实施年份	法律名称	期间	请求权	最长时效期间
1999	合同法	4年	国际货物买卖合同和技术进出口合同赔偿请求权		2021	民法典	4年	国际货物买卖合同和技术进出口合同赔偿请求权①	
1993	海商法	3年	油污损害请求权	6年					
		2年	航次租船合同的请求权；海上旅客运输赔偿请求权；船舶租用合同赔偿的请求权；海上保险合同赔偿的请求权；海难救助赔偿的请求权；船舶碰撞赔偿的请求权。						
		1年	货物运输赔偿请求权；海上拖航合同赔偿的请求权；共同海损分摊的请求权。						
		90日	货物运输第三人追偿请求权						
1995	民用航空法	2年	航空运输合同赔偿请求权						
			地面第三人损害赔偿权	3年					
2000	产品质量法	2年	产品损害赔偿请求权	10年	2018	产品质量法	2年	产品损害赔偿请求权	10年

---

① 这一时效的确定是因为我国加入了联合国《国际货物买卖时效期限公约》，该公约规定时效期限应为4年。

125

续表

2017年之前					2017年之后				
实施年份	法律名称	期间	请求权	最长时效期间	实施年份	法律名称	期间	请求权	最长时效期间
2008	专利法	2年	专利权侵害赔偿权		2020	专利法	3年	专利权侵害赔偿权	
			专利费支付请求权					专利费支付请求权	
2015	保险法	2年	保险金赔偿给付请求权						
		5年	人寿保险保险金给付请求权						
2015	环境保护法	3年	环境损害赔偿请求权						

从各国及地区的立法例可以看出，将消灭时效的期间按照一般消灭时效、特殊消灭时效及最长消灭时效来分类是惯常的做法。然而我们需要进一步探寻为什么采取这种分类立法的方式以及各种不同时效期间的法律意义，在此基础上能够为劳动仲裁时效期间立法的正当性寻求一种可供参考的对照。

从期间的绝对长短来看，各个国家对于本国一般消灭时效期间采取或长或短的规定，本身并不具有合理性和正当性的评价价值，因为时间长度属于一种技术设计，就其自身而言是无法说明多长的时间是合理的。但"消灭时效期间的历史，整体观察之，实乃缩短时效期间的历史"①。在罗马法时期消灭时效就面临着道德上的质疑，同时结合其他因素，对于一般消灭时效设定了30年的长期间。承继罗马法法典化的一些国家在私有权神圣观念的影响下，为了保护债权人利益也循例采取了较长时效期间的设定。然而随着时代发展，尤其是商事活动的兴起，提高流转效率的考量逐渐影响到时效期间的设置，因此各国开始通过立法对消灭时效期间的长度进行缩减。而从我们国家的民事立法发展来看，民法通则时代的2年期间一直被认为过短，因此在民法总则立法期间提出延长的声音是比较一致的，最后选择了3年的期间。虽然从消

---

① 王泽鉴.民法总则［M］.北京：北京大学出版社，2009：417.

灭时效整体发展的历史来看，时效期间呈现出被缩减的历史趋势，但由于我们国家一开始就选择了短时效的立法模式，被认为不利于债权人利益的保护，因此呈现出逆向的修正方式，是比较合理的。

从期间的相对长短来看，短消灭时效和长消灭时效都是相对于一般消灭时效而言的。在一个国家的整个法律制度体系中，不同请求权适用不同的消灭时效期间，实质的法律意义是要体现立法对不同类型权利的保护程度的不同。通过对各个国家及地区的相关规定进行整理，可以发现对时效期间的适用颇为纷繁复杂，并且差异性较大。但整体观之并进行总结，可以看出对于短期时效主要适用于以下几种情形。一是与满足商事快速流转需求的请求权。比如，《德国民法典》在修改前"更短的时效期间则适用于大量的、多半与日常生活有关的事务的债法上的请求权，它们主要是与货物的销售和提供服务有关的请求权"①。再如，我国民法通则中规定的出售质量不合格商品赔偿请求权、租金给付请求权等。此类"请求权系因日常生活而发生，形态上以大众契约居多，此等请求权易行使受偿，凭证难有保存"②，因此规定了短期时效。二是与劳务费等小额债权相关的请求权。原《德国民法典》规定短期时效期间"适用于商人、工厂主或手工业者由于提供货物或劳务的垫款请求权、运费请求权、工人或雇员的工资请求权和薪金请求权，以及医生、律师、公证人及'所有为管理一定事务而受公家指定或许可的人'的请求权"③。类似的规定对承袭德国民法的其他国家和地区也产生了深远的影响，如我国台湾地区的民法也采取了类似的规定，体现了对于短期小额债权债务关系快速厘清的效率诉求。三是为保护特定债权人的利益。如表4.1中所示，我国海商法货物

---

① 卡尔·拉伦茨.德国民法通论：上册［M］.王晓晔，邵建东，程建英，等译.北京：法律出版社，2013：336.

② 曾世雄.民法总则之现在与未来［M］.北京：中国政法大学出版社，2001：220–221.
其中对大众契约的概念和特征做了如下的界定："大众契约系一人对众人之契约，即契约之一方所面对之他方，为不特定人且为变动之多数人，如旅店之经营者面对前来住宿之人，既不持定而且人数众多。大众契约具有几个特性：其一，其订约之一方对于他方之情况，经常无法了解；其二，导致契约之内容因迁就事实而一般化；其三，如因大众契约而发生责任其赔偿亦趋向客观化。事实上工商业发达、交通便捷之结果，几乎行行业业之交易行为人都为大众契约行为。"

③ 卡尔·拉伦茨.德国民法通论：上册［M］.王晓晔，邵建东，程建英，等译.北京：法律出版社，2013：336–337.

运输赔偿请求权、海上拖航合同赔偿的请求权和共同海损分摊的请求权规定1年诉讼时效期间，对货物运输第三人追偿请求权的90天的诉讼时效期间，都显示了立法倾向保护海上货物运输承运人利益的考量。长期时效从法律效果上来看，更保护债权人的利益。从域外的立法来看，通常是一般消灭时效采短时效期间的情况下，基于以下的考虑，对特定请求权采取长时效期间的规定。一是信赖经司法确认过的请求权。如《德国民法典》修订后，对一般消灭时效采取3年的短时效期间，但对于被有既判力的确定的请求权、因可执行的和解或可执行的证书而发生的请求权、已因在支付不能程序中所进行的确认而变得可执行的请求权以及强制执行费用的偿还请求权，则规定经过30年而完成消灭时效。此类请求权因为经过司法确认，权利义务较为明晰，不易出现事实不清的情况，因而以长时效期间对债权人利益进行保护。二是对物权财产权的保护。如修订后的《德国民法典》规定因所有权、其他物权而发生的返还请求权以及用来主张这些返还请求权的请求权，适用规定经过30年而完成消灭时效。《日本民法典》对债权规定10年消灭时效，而对债权或所有权以外的财产权，则适用20年的消灭时效。这些都体现了民法对物权财产权保护的传统思想。三是对涉及生存利益和人格利益请求权的保护。《德国民法典》规定基于故意侵害生命、身体、健康、自由或性的自主决定的损害赔偿请权，经过30年而完成消灭时效。《法国民法典》规定因造成身体伤害的事件，受到该事件引起损失的直接或间接受害人提起的追究责任之诉讼，时效期间为10年。针对未成年人实施拷打或野蛮行为、暴力或性侵犯造成损害的情况下，提起民事责任诉讼，时效期间为20年。而我国原民法通则中对于身体损害赔偿请求权规定了1年的短时效期间，该规定一直受到各方的正当性质疑，而随着《民法典》的颁布实施，这一规定将被取消，改为适用一般时效。同时《民法典》进一步明确规定，请求支付扶养费、赡养费或者抚养费的请求权不适用诉讼时效的规定，这一制度比长时效期间更有利于对权利人生存利益的保护。四是涉及社会公共利益的请求权。此类请求权在我国立法中体现如表4.1所示，主要是在民法通则将一般消灭时效规定为2年的时期，海商法中规定的油污损害请求权与环境保护法中规定环境损害赔偿请求权的消灭时效都采取了3年的相对长时效期间的规定。最长时效期间制度的存在，则主要是若采取主观主义期间的起算点，则有可能因当事人不知晓自身权利被侵犯，导致期间一直不被计算，此时法律转而采取客观主义，以权利被侵害的时间为消灭时效期间的起算点。因此最长时效期间制度的法律意义在于弥补主观主义起算点的缺陷和不足。由于该时效期间与起算点相关联，具体内容在劳动仲裁时效起算点部分予以详析。

二、我国劳动仲裁时效期间制度问题的成因探析

从消灭时效的体系上来看，我国劳动仲裁时效期间属于特殊仲裁时效期间。无论是"60日"到"6个月"再到"60日"的引起争议的超短时效期间，还是"1年"的相对满意的短时效期间，劳动仲裁时效期间一直都处于短时效期间的范畴。之所以这样设定，立法者认为"劳动法的这一时效规定区别于民事争议的诉讼时效期间，这是基于劳动争议案件的特殊性而做出的规定，旨在尽快地解决劳动争议"[①]。也有学者肯定"基于劳动关系的特点，劳动争议仲裁时效制度要求劳动者及时主张权利，以便劳动争议仲裁机构尽快解决劳动纠纷。因此劳动仲裁时效除具有维护法律安全的价值目标外，敦促权利人尽快行使权利的效率价值目标较其他民事时效制度更为迫切"[②]。

总的来说，基于对效率的追求而对劳动仲裁采取短时效期间的规定，已成为通行的认定，但对于劳动关系具有何种特点以至需要快速解决纠纷，似乎已成常识无须加以详细陈述，结合片段化的既有观点尝试解读可能是基于以下的考量。一是由于劳动争议涉及劳动者的生存利益，因此快速定分止争有利于使劳动者利益及时得到司法保护，也可以有效减少因激烈市场竞争使用人单位可能在短时间内被淘汰，导致劳动者维权困难情况的出现。然而从上文有关时效期间的法律意义的分析来看，短期时效的设计的确有利于保护特定当事人利益，但此种设计在本质上是通过限制债权人权利来保护债务人。而在劳动争议中，在90%的情况下劳动者都是作为债权人一方出现，短期时效实质上更多的是保护用人单位而非劳动者的利益。对于劳动者来说，当其

---

① 李援.《中华人民共和国劳动争议调解仲裁法》条文释义与案例精解［M］.北京：中国民主法制出版社，2012：96.

② 吴文芳.劳动争议仲裁时效与民事诉讼时效冲突探析［J］.华东政法大学学报，2013（6）：121.

以债权人身份主张司法保护时，只要时效期间允许，作为权利人是应当也可以做出最利于自身的选择的。同时也不应该因为部分用人单位市场竞争力的薄弱就将所有劳动争议的仲裁时效进行限缩，这种法律家父主义的干预并不具有合理性。而如果是出于对生存利益的保护考量，立法上则更应该选择长期消灭时效制度延长权利存续的时间。二是以商事主体身份为代表的用人单位基于对效率流转的需求，希望劳动争议能够得到快速解决。然而商事主体利益需求的满足并非劳动法之法益，劳动法作为保护劳动者之法，其制度考量应该以劳动者权利维护为出发点和落脚点。此外劳动者作为用人单位组织生产中的要素，与用人单位是在确认符合用工条件下订立的继续性的合同，劳动者在用人单位的组织管理之下，依附于用人单位受其管理，这些都与民事关系中的大众契约不具有同质性。三是劳动争议，尤其是以劳动报酬为争议的案件，标的额较小，且域外立法通常将劳务报酬请求权作为短期时效期间的适用对象。对于小额债权适用短期时效期间的合理性也受到一定程度的质疑，有学者就指出这

> 实际上剥夺了多数无产者获得权利保护的机会，这是不可否定的事实，其也不是只关于时效而言的。但是，在短期消灭时效制度中，这种感觉特别深。法律追求时效制度的目的是急的，总有一种忘记了考察这些小额债权得到实现是否是可能的遗憾。应该采取措施，设置……适宜于为小额债权人谋求简易、迅速、低廉地实现其债权的途径。如果不是如此，短期消灭时效的制度很容易成为甚为片面有漏洞的制度。①

此外劳动报酬并非劳务报酬，民法下的劳务报酬存在于劳务关系之中，多以短暂、一次性的劳务和费用给付为内容；而劳动报酬存在于继续性劳动合同中，如果用人单位存在长期拖欠的情况，不仅给劳动者生存利益造成极大影响，且经累积也并非一定会是小额债权。四是因为劳动争议数量繁多，给仲裁机构和法院造成极大的办案压力，且考虑到时间过长导致举证和证据

---

① 我妻荣.我妻荣民法讲义I新订民法总则［M］.于敏，译.北京：中国法制出版社，2008：455.

查明难度加大等时效传统因素，故而选择短期时效期间。劳动关系市场化进程和法治社会的建设不仅提升了劳动权利意识也促使了劳动关系的多样化和复杂化，由此带来劳动争议的数量的增长，对于仲裁机构和法院来说的确造成了极大的压力，有提高效率的意愿和需求。然而督促权利人行使权利，帮助法院降低因案件时间过于久远造成证据认定上的困难快速判定利益归属是时效制度而非短期时效期间的正当性基础，以此作为理由则需要证明劳动争议比一般民事争议更加需要督促权利人行使权利，证据更加容易认定不清才合理，然而根据前述分析，这一理由并非十分充分有力。

综上，我们可以看出，劳动争议采用短期时效期间所面临的问题在本质上体现的是民事关系与劳动关系混同下的效率追求和劳动争议的公平诉求之间的矛盾。虽然立法机关和司法机关在认识上都认可劳动关系不同于民事关系，但对于劳动法这样一个曾经受民法调整的年轻新兴的法律部门，在每一个具体制度上如何表达独特的部门法宗旨和目标，是一个十分艰难的过程。这个过程的艰难表现在如何时刻保持这种独特的部门法精神而不轻易接受回流民法思维的导向，表现在如何清晰而明确地运用劳动法独立精神的理论依据，也表现在如何理解并技术化地将劳动法的宗旨和目标体现在法律运行的过程中。这个艰巨任务面临的现实情况是劳动法作为独立部门法本身还有许多基础理论研究较为薄弱尚未高度体系化，其中劳动程序法又是薄弱中的薄弱。虽然本文论证劳动仲裁时效制度应该属于实体法制度，但是由于目前立法的现实情况仍将其放在劳动争议调解仲裁法这一程序法中予以规范，所以对消灭时效这样一个从罗马法时期就属于民事法律范畴的制度，想要构建起能够有效调整劳动法律关系的正当性制度是需要进行细致分析的。

三、劳动仲裁时效期间正当性设计

依据上文分析，我们可以看出现行劳动仲裁时效期间存在的问题在于劳动争议的独特性并没有在时效期间制度上予以清晰体现，导致立法仍然是在民事消灭时效的视角下采用短时效期间想要达到该设置所追求的效率价值，而忽视了劳动争议的当事人并非民法拟制下的平等主体，在这种不平等的关系下运用民事消灭时效短期间的制度设计是无法实现劳动争议的实质平等争议的价值追求的。

从制度性质上来看，与直接以权利义务的得失变更为内容，受正义公平原则支配的实质性规定不同，消灭时效期间属于技术性规定，其与权利义务的得失变更并不具有直接的相关性，而是以时间长短这一技术性规定来衔接其他时效制度并实现消灭时效制度的目的。[①]因此对于劳动消灭时效的期间来说，仅从时间长短这一技术性规定本身来看制度的公平合理性是不可能实现的，因为人们无法得知是不是3年时效期间就比2年时效期间要更加合理抑或是不合理。"技术规定乃为因应实质规定达成目的就其衔接事项所作之规定。技术规定常以实质规定之目的为目的。"[②]劳动消灭时效期间的设定需要结合劳动仲裁时效制度所应该凸显的实质平等的表征与目的予以查明，从路径上看则可以通过消灭时效期间的横向制度间比较得出相对合理的制度设计。

从消灭时效的体系上来看，不同的部门法对于时效期间是可以结合本部门法的特殊性来设定的。从表4.1可以看出，在民法已经规定了消灭时效的前提下，无论是属于商法的海商法、专利法、保险法，还是属于经济法中的民用航空法、产品质量法，抑或属于社会法中的环境保护法，无论期间规定是否与民法规则中的一致，都单独规定了本部门法中的消灭时效期间，呈现出独立于民法体系的立法理念。从立法体系上来看，我国劳动法单独规定劳动仲裁时效期间的立法方式是有部门法划分依据可言的。由于劳动法与民法相互独立，劳动法可以结合本部门法的价值目标对劳动仲裁时效制度进行体系化的设定，目前立法也是这样做的。需要明确的是劳动仲裁时效制度并非民事诉讼时效制度的特殊时效制度，在适用上二者并非特别法与一般法的关系。但是由于时效制度源自民事时效制度，若将各部门法时效制度纳入一个整体的时效体系来看，可以为劳动仲裁时效期间的设定找到技术参照，体现法律对不同请求权层次化保护的合理性。

结合长短时效期间的法律意义以及我们国家的时效制度体系来看，劳动仲裁时效适用短时效期间最合理的意义是能够在劳动争议案件数量众多的情况下解决效率困扰问题。在目前的劳动争议解决机制之下，仲裁机构自身面

[①] 曾世雄. 民法总则之现在与未来［M］. 北京：中国政法大学出版社，2001：29-31.

[②] 曾世雄. 民法总则之现在与未来［M］. 北京：中国政法大学出版社，2001：31.

临着机构的性质不清、独立性弱、仲裁员数量少且整体素质不高的问题①，使大量经过仲裁的案件仍然流入到法院。而法院由民事审判庭来处理劳动争议案件，没有就劳动纠纷的解决建立专门的审判部门，不仅给民事审判部门增添了办案数量，也不利于劳动争议的专业化解决。短时效期间的确能够通过进一步限制权利存续的时间，将一部分劳动争议排除在司法救济之外，但是这是短时效期间制度运行的结果，并非其应该设立的原因，如果在设立上倒果为因就偏离了制度的正当性基础。因此既然案件数量超越办案能力的原因来自机构设置，那么解决途径也应该在机构设置上寻找，才是有的放矢、对症下药之策。本文在劳动仲裁时效名实相符的立法进路探讨部分，提出的关联机构设置于中级人民法院下设独立的劳动法庭作为劳动争议的二审机构的立法建议，可以很好地解决以上对效率的追求的问题，从而将劳动仲裁时效期间制度的设置从减少案件的效率价值中解放出来，回归消灭时效不同时效期间的根本意义——体现法律对不同请求权保护的层级性。

从消灭时效期间的法律意义来看，法律对不同请求权保护程度的不同，在本质上就是实质公平的一种体现，它反映了在一国的法律制度体系下，对于不同请求权的比较、评判与选择，这种区别化的立法是以不平等来实现实质平等，因而其比较、评判与选择的标准就只能是法律最根本的机制——公平与正义。劳动争议中用人单位和劳动者的不平等地位，是与其他时效期间制度根本性的不同，也是劳动仲裁时效期间要进行差异化设定的原因所在。从我国消灭时效期间的统计表4.1逐一来看，民事争议的平等主体当然无须赘述，而商法与民法在性质上同属私法范畴，主体之间的地位仍然是平等的，只是由于存在着民商分立的立法模式，商事法律特别规定了自己的消灭时效。而属于公法和社会法范畴的民用航空法、产品质量法、环境保护法所调整的社会关系中的主体地位虽然不相同，但受消灭时效制度规范的具体请求权都是单向的，因此也无须对消灭时效期间进行区别化的立法。而在劳动争议中，无论是强势一方的用人单位还是弱势一方的劳动者都可以提起劳动仲裁和诉讼，地位不平等的两方主体适用同样的期间制度的不正当性可以从以下两个

---

① 谢增毅 . 我国劳动争议处理的理念、制度与挑战［J］. 法学研究，2008，30（5）：108.

方面来论证。一是从各自请求权的权益来看，二者请求司法予以保护之债权承载的功能不同。

> 区别于传统个人权利至上思维的所有权绝对，现代社会财产权的功能呈现多元化和层级化的色彩，形成由生存功能、发展功能和经营功能构成的体系。因满足人的生存所需是人格自由发展的前提和基础，所以财产权的生存功能在体系中居于最基础和最首要的位置，而满足个人发展、用于经营进一步累积财富则都属于较高层次的功能。[①]

用人单位的请求权权益上承载的是经营功能，经营上的效率需求使用人单位更倾向于快速定分止争，明确劳动权益归属，恢复用人单位的经营管理秩序。而劳动者的请求权权益上承载的更多是生存功能，在劳动仲裁可行能力受限的情况下，相对长的时效期间更有利于权利的救济。"不同功能的财产权满足人的不同需要，体现财产的不同价值，法律对它的保护力度和效度不一样，对它的限制程度和方式也不尽相同。"[②]消灭时效是导致权利消灭的一种制度，其对于不同权利限制程度的不同正是期间存在的法律意义所在，在此意义上对于用人单位和劳动者的请求权的消灭时效期间应该进行区别性的立法。二是从法律制度承载的政策功能出发，同等限制二者请求权行使产生的效果将相互消减。与西方国家自下而上形成的市场经济不同，中国的市场机制是在国家主导自上而下建立起来的，路径上的差异决定了国家在劳动立法目的和实现方法上的不同。西方国家通过立法介入劳动关系是为了通过保护工人利益来减少劳资争议带来的集体行动，因此先赋予工人以自由权和政治权为主的一般公民权，通过一般公民权的行使倒逼工人工业公民权和社会权的赋予，最终形成劳资双方的力量平衡。而我们国家劳动立法则肩负建立市场化劳动关系和保护工人的双重任务，在调整方式上采取的是国家主动赋予

---

① 冯彦君，郑修竹.养老金强制执行的正当性及其限度[J].吉林大学社会科学学报,2020,60(4)：47.

② 汪进元，高新平.财产权的构成、限制及其合宪性[J].上海财经大学学报，2011，13（5）：21–22.

工人社会权，与此同时限制工业公民权，工人与资方依然处于力量不对等的状态。[1]为了在不对等的力量状态下实现上述双重任务，我国立法选择以倾斜式的赋权来强化劳动者的个体权利，通过将劳动者的诉求和行动纳入政府提供的法治化轨道，来化解有可能产生的集体性不满。在这个意义上，可以说劳动者个体权利的行使不仅具备个体上的有益性，也能够为同样被侵害其他劳动者的权利救济提供样本，从而避免集体争议的出现。因此通过期间制度限制用人单位请求权行使，将有利于促进劳资力量平衡下的劳动关系和谐，而通过期间制度限制劳动者请求权行使，则将进一步弱化个体劳动者维护自身权利的能力，增大集体性不满产生的可能性。

请求权受消灭时效制度限制并无问题，但劳动争议的特殊之处决定了对用人单位和劳动者请求权不能做同一程度的限制。结合权利属性和我国特殊国情下的政策需要，可以看出消灭时效期间的设置，应该对用人单位的请求权限制强过对劳动者请求限制，促进劳动者仲裁可行能力的增加，使其尽量达到与用人单位仲裁可行能力相匹配的状态，才能达到实质平等的正当性要求。如果从保障生存利益的角度以及社会法益的角度来考量劳动者请求权消灭时效期间的设定，适用长时效期间更为合理。但需要指明的是，由于立法对劳动报酬请求权采取了优化起算点的方式，针对追索劳动报酬、工伤医疗费、经济补偿或者赔偿金等小额债权设置了一裁终局的制度，虽然该制度目前也存在一定程度的欠缺，但也可以通过修订实现制度的完善，这些立法上的革新都有力地促进了劳动者仲裁可行能力的提升，对于短期消灭时效带来的弊端有着相当程度的修正。再结合民法典已经将一般消灭时效期间延长至3年的规定，将仲裁时效期间延长至2年更为合理。而对于用人单位的请求权而言，则可以仍然维持1年的短时效期间，以达到偏重限制用人单位仲裁可行能力的目的，实现双方仲裁可行能力上的实质平等。

四、小结

劳动仲裁时效期间作为法律上的技术规定，无法像实质性规定那样可以

---

[1] 杨莉. 如何平衡效率与合法性？——改革开放40年来中国政府调整劳动关系的研究述评 [J]. 公共行政评论，2018，11（2）：161.

直接受公平正义的原则支配而得到正当与否的判定。因此在制度设置上，必须以劳动仲裁时效制度的正当性为依归，同时借助消灭时效期间的横向制度比较尝试得出较为合理的制度设计。因此本部分从消灭时效期间的分类入手，试图通过域外与本国对一般消灭时效、特殊消灭时效及最长消灭时效适用请求权类型梳理，得出消灭时效期间的法律意义，即法律对不同类型的请求权赋予不同的期间类型，实质上反映了立法对不同类型权利的保护程度的不同。以不同时效期间的法律意义为参照，将我国劳动仲裁时效期间适用短时效期间的理由进行对比性分析，得出劳动争议采用短期时效期间所面临的问题在本质上体现的是民事关系与劳动关系混同下的效率追求和劳动争议的公平诉求之间的矛盾。这个矛盾的解决为劳动仲裁时效期间正当性设计提供了突破口。对于效率价值渴求的主要原因实际上来源于劳动争议解决机制设置的不合理，此问题的解决可以通过机制本身的完善来达成，从而将劳动仲裁时效期间制度的设置从减少案件的效率价值中解放出来，使其回归消灭时效期间体现法律对不同请求权保护的层级性的根本意义。劳动争议中的用人单位和劳动者的不平等地位，是与其他时效期间制度根本性的不同，这种不平等决定了实质平等是劳动仲裁时效的独特价值追求，因此法律应该区别对待二者在劳动争议中提起的请求权保护程度。结合类型化消灭时效期间的法律意义、劳动争议的特殊性、劳动立法的相关配套制度以及我国消灭时效期间体系，可以将劳动仲裁时效期间制度进行分类规定，对劳动者适用2年的仲裁时效期间，对用人单位适用1年的仲裁时效期间。

第三节　劳动仲裁时效的起算——关键制度

一、两类起算标准的比较考查

从表2.1整理可知，对于劳动仲裁时效起算的设置经过了"争议发生之日、调解不成之日或者企业公布处理决定之日""知道或者应当知道其权利被侵害之日""劳动争议发生之日"再回到"知道或者应当知道其权利被侵害之日"的立法历程，从类别上来看，实际上是在客观起算标准与主观起算标准之间的犹疑。"制定时效法的关键是时效期间开始起算的判断标准"[①]，其不仅决定了时效制度适用的起点，并串联起消灭时效的期间、障碍等制度。下面试结合域外消灭时效起算的制度发展，对两类起算点标准的选用、设计及优缺点进行分析，为劳动仲裁时效起算点的正当化设置寻求比较法上的基础。

客观起算标准多以"自请求权成立时起算"或"自请求权可以行使时起算"的方式予以规定，而主观起算标准则多以权利人"知道或者应当知道"的方式予以规定。结合各国时效制度的历史发展，总体来说传统一般消灭时效起算标准多采客观主义，如欧盟的欧洲合同法原则，改革前的法国和德国民法，俄罗斯、瑞士等国的民法等。在制度设计上，客观起算标准因为可以结合特定请求权的客观情况分别选择特定的起算点，因此一般消灭时效期间通常较长，而特别仲裁时效期间往往以较短时效期间的方式来规定。因此客观起算标准具有起算点易于判断并有针对性的适合各类请求权的优点。与此同时也存在着一定的弊端，如动辄30年、20年的一般消灭时效期间过长不利于时效制度功能的发挥，对不同请求权分别适用不同时效期间导致时效体系臃肿繁复，也增加特定请求权在适用时效时界定与理解上的困难，由此极易带来关于时效的诉讼案件的增加。"争议发生之日、调解不成之日或者企业公布处理决定之日"和"劳动争议发生之日"都属于客观起算标准，这种标准与当时民法通则的规定不同，比较便于明确劳动仲裁时效的起算点，因此在时效期间上本应该设定比较长的时效期间，但实际上却以效率考量设定15日、30日、60日、6个月等的短期时效期间，大大缩短了劳动关系当事人请求权的救济时间。

如果我们回顾一下时效法的发展，回顾过去百年间的各种新法案和草案，就会发现时效制度发展趋势的很多特点：（1）明显地趋向于统一的时效期间。（2）统一的时效期间既不能过短（6个月）也不能太长（30年）。

[①] 莱因哈德·齐默曼.德国新债法：历史与比较的视角［M］.韩光明，译.北京：法律出版社，2012：190.

一般在2年到5年之间的某个期间，而在国际上3年的期间被认为是合理的。（3）不能通过客观标准来决定相对短暂的普通时效期间的起算，如债务到期日、请求利息、交付、接受、完成（建筑）等；而是应该以权利人是否知道（或合理地应当已经知道）义务人的身份以及请求权产生的事由为基础。[1]

大陆法系的代表性国家德国和法国对时效制度进行了大幅度修改，朝着以权利人"知道或者应当知道"为标准的主观主义发展。如改革后《法国民法典》，针对人的债权诉讼、动产诉讼及不动产所有权以外的物权诉讼的一般诉讼时效规定"自权利（持有）人知道或应当知道其可以行使权利的事实之日起计算"。主观起算标准有利于建立一个统一的消灭时效期间，但与此同时也因为主观的不确定性带来时效起算点的不确定性，因此各国往往选择配置短时效期间来防止因时效起算的不确定性导致请求权行使期间的过长。如德国修法之后，将原来一般消灭时效由30年大大缩短为3年，法国则将一般消灭时效由30年缩短为5年。

考虑到客观起算标准和主观起算标准各自具有的优缺点，很多国家在整个消灭时效体系的发展中选择了主客观兼采的标准。以对我国立法有着重要影响的德国为例进行说明。德国在修法之后，对一般消灭时效的起算点采取"债权人……知悉或在无重大过失的情况下本应知悉使请求权成立的情事和债务人本人"的主观起算标准，而对因侵权引发的损害赔偿请求权规定了特殊消灭时效并采取客观起算标准，其中以对生命、身体、健康或自由的侵害为基础的侵权引发的损害赔偿请求权，以"行为实施时""义务违反时"或"引起损害的其他事件发生时"作为起算点，设定30年的期间；对于其他的损害赔偿请求权"不论是否知道或因重大过失而不知道，自它们发生时起，经过10年而完成消灭时效；且不论它们以何种方式发生和债权人是否知道或因重大过失而不知道，自行为实施时、义务违反时或引起损害的其他事件发生时

---

[1]　莱因哈德·齐默曼.德国新债法：历史与比较的视角［M］.韩光明，译.北京：法律出版社，2012：188.

起，经过30年而完成消灭时效"①。在对债权请求权采取客观起算标准的同时，辅之以长时效期间并最长时效期间制度。这种在主客观起算标准的妥协方式也见于法国、日本等国的民法典修订，可谓一时之选。然而这种中间路线的选择初衷是想结合和发扬主客观起算标准的优点，但"只有在考虑到制度统一所具有的优点时，其才具有可接受性。然而，如果不能尽量协调一致地实施主观制度，那么就可能存在这样的危险，即该制度最终将会综合具备两种制度的缺点而非优点。一旦新规则开始在实践中应用，恐怕这一点会更加明显"②。因此我们可以看出德国时效制度修改后仍然没有建立起完全统一的时效体系，同时由于主观起算标准的并存进一步导致了起算标准的不确定性。

二、现行劳动仲裁时效起算制度检视

从体系上来看，2008年实施的劳动争议调解仲裁法对劳动仲裁时效的起算也采取了主客观兼采的立法方式，对于一般劳动仲裁时效采取主观起算标准"从当事人知道或者应当知道其权利被侵害之日起计算"。对于因拖欠劳动报酬发生的劳动争议采客观起算标准适用特殊仲裁时效，劳动关系仲裁存续期间发生的，不受仲裁时效期间的限制，"但是，劳动关系终止的，应当自劳动关系终止之日起一年内提出"。在民法通则采绝对主观的起算标准的时期，劳动仲裁时效制度不受制于该框架，创新性地采取了混合起算标准，凸显了劳动仲裁时效制度独立于民法时效制度的法律地位。这种混合立法模式日后也被《民法典》的通则部分所采纳③，从立法进程的角度上更体现了劳动仲裁时效制度的引领性。

虽然任何一种制度都不可能是完美的，总会存在着缺点和优点，人们往

---

① 陈卫佐. 德国民法典［M］. 4版. 北京：法律出版社，2014：66-70.

② 莱因哈德·齐默曼. 德国新债法：历史与比较的视角［M］. 韩光明，译. 北京：法律出版社，2012：192.

③ 相较于民法通则中统一适用主观起算点的情形，我国《民法典》在通则部分在一般诉讼时效适用主观起算的同时，针对三类特定的请求权规定了消灭时效的客观起算点，分别为当事人约定同一债务分期履行的，诉讼时效期间自最后一期履行期限届满之日起计算；无民事行为能力人或者限制民事行为能力人对其法定代理人的请求权的诉讼时效期间，自该法定代理终止之日起计算；未成年人遭受性侵害的损害赔偿请求权的诉讼时效期间，自受害人年满十八周岁之日起计算。

往通过优点大于缺点的判断来证明选择的合理性。技术性的消灭时效起算制度在这一方面表现得尤为明显，因为在很大程度上，主观起算标准的优势对照的是客观起算标准的劣势，主观起算标准的劣势对照的又是客观起算标准的优势，反之亦是如此。因此无论如何选择，对方都是鲜明的对照组，存在着被选择的合理性和正当性。而如同上文提到的那样，如果我们选择中间道路，那么既幸运又不幸的是，我们将同时拥有二者的优点与缺点。劳动仲裁时效起算利弊相兼、得失共存的制度特点体现在以下几个方面。

（一）起算标准的表述方式

从客观起算标准来看，无论是劳动法历史上使用过的"劳动争议发生之日"，还是当前对于劳动报酬争议的"劳动关系终止之日"，在规范意义上都是十分确定和明确的，法律在表达方式上难度较低，当事人在制度适用上难度也不大。然而这种明确的表达方式因为不考虑当事人主观是否能够认识并行使权利，需要给予当事人较为充分的期间才符合正当化的要求。在民法通则的完全主观时效起算标准的时代背景下，立法者对劳动争议特殊的效率要求使得即便在客观起算标准下也不愿选择较长的时效期间来保护劳动债权人的权益，因此受到了多方的批评。而采主观起算标准，将我国劳动仲裁的一般消灭时效的起算表述为"当事人知道或者应当知道其权利被侵害之日起计算"，能够结合每个个案中的债权人是否"知道或者应当知道"的主观状态，在期间的长度上并非固定的，因此不需要赋予较长的时效期间。然而对于当事人"知道或者应当知道"的对象是什么，成为立法上需要考量的难题，劳动仲裁时效认为是"权利被侵害"，而我国《民法典》对于诉讼时效规定为"权利受到损害以及义务人"，《德国民法典》对一般消灭时效则规定为"请求权成立的情事和债务人本人"，《法国民法典》则规定为"可以行使权利的事实"，可见主观起算标准不仅适用难度大，同时立法上到底以何内容作为主观知晓的对象更恰当也成为一个难题。

（二）起算体系的繁简程度

"以知道或者应当知道"的主观起算标准的立法体例，因能很好地涵盖绝大部分的请求权，相较之下体系比较简单清晰。但与此同时，单一的主观起算标准，对请求权无法以差别化的时效制度体现法律的侧重保护抑或是效率追求，以实现法律的指引功能。因此很多国家在对一般消灭时效采取主观起算标准的同时，仍对特定请求权采客观起算标准，这种混合立法模式较之单一的客观起算标准在体系上瘦身不少①，但偏离了采用主观客观起算标准想要达到的统一起算点的立法目的，并且不同国家的体系繁杂程度不同，很难说同一种请求权在不同国家法律制度中面临不同起算标准的合理性如何。我国劳动仲裁时效制度同样存在着类似问题。虽然立法就劳动报酬请求权适用特殊仲裁时效及客观起算标准，但由此引发的立法修改理由开始溢出。一方面，是否仅"劳动报酬请求权"有特殊保护劳动者的必要，而劳权体系中的其他劳权就无必要？在劳动仲裁时效开主客观起算标准兼采说之端后，对于其他权利进行后续时效制度细化规定可谓其时已至、其势已成。另一方面，仅就劳动报酬请求权而言，司法在适用的过程中也出现了相当多的争议，主要体现在就二倍工资、加班费、未休年休假工资等与劳动报酬概念相关联的请求权是否适用特殊仲裁时效制度上，其也是劳动争议调解仲裁法就时效制度大修之后的主要争议集中点。从地方司法文件中可以看到，对这一问题的认识不尽相同，尤其突出的是部分地方法院在否认上述请求权对象的劳动报酬属性的情况下，逻辑上本应采取"知道或应当知道其权利受侵害之日"的主观起算标准，却往往进一步细化相关起算标准为客观起算点。② 这种矛盾印证了主观起算标准适用难度较大的问题，司法机关希望通过解释方法来统一审查标准以实现同案同判，但从立法角度来看，也催促立法者思考对于此类问题是否应该通过进一步细化制度予以解决。

（三）起算标准的制度配套差异

时效制度之所以成为体系，在于各个制度要素之间的配置不能割裂。从比较法角度看，立法者确定消灭时效体系中的每一个单一制度都需要紧密联系时效的其他制度一并考虑，才能获致权利人与义务人之间的利益平衡。比

---

① 德国和法国的立法改革前后的时效体系具有典型的代表意义。

② 比如，很多地方法院认为二倍工资不应该适用特殊仲裁时效，那在逻辑上就应该以主观起算标准确定起算点，但在实务中司法机关却需要以用工满一年之日、用工结束之日、补订劳动合同、视为双方已订立无固定期限劳动合同之日、劳动者主张权利之日等多种客观起算标准来确定起算点。

如，如果设置一个对于债务人有利的短期消灭时效，那么在时效的起算、中止和中断事由上就要略偏向于债权人，不能孤立地看待消灭时效制度的某一方面。① 由于客观起算标准确定清晰，在期间起算上不存在个案差异，往往需要采取较长的期间设定才能更好地维护债权人与债务人之间的利益平衡，因此对于效率价值的追求有所保留。而主观起算时效则会因债权人主观上的不确定性导致时效期间亦不确定，带来无限延伸的风险，这将极大有损时效制度对秩序安定的需求。因此适用主观起算标准一般会配套适用较短的时效期间并辅之以最长时效期间。对于最长时效期间通常采客观起算标准，以"请求权产生"或"权利受损害"之日等作为起算点，加之以一个相对较长的期间，并且不适用时效的中止、中断等制度，以降低主观起算标准带来的实际期间过长及不确定的风险。回到我国的劳动仲裁时效制度，立法者对劳动报酬请求权适用客观起算标准是希望借助其较长的时效期间体现对劳动报酬这一劳动者维护生存利益的基础和根本依赖的倾斜保护。这一立法宗旨无疑是正确的，然而由于缺少最长时效期间制度的限制，程序上的证明责任分配等方面缺少对应性规范，导致法院适用难度增大。不仅各地法院在此类时效起算点的认识上不统一，一些地方高院更通过本地区的司法文件只保护两年内拖欠的劳动报酬，这无疑与立法初衷相背离。

三、正当性审视下的起算制度重构

"当然，需要记住的是，并不存在一个完美的时效制度。选择一个以知悉规则为基础的统一时效制度（相对的或主观的时效制度），还是选择客观决定的但必然互不相同的时效制度（绝对的或客观的时效制度），需要慎重的利益衡量。"② 一方面，完美时效起算点的不存在，使如何选择起算标准成了一个技术上的难题，但这种难题的解决可以跳脱技术性的思考，转而向劳动法的部门宗旨价值寻求衡量依据。另一方面，劳动仲裁时效起算制度主客观兼采的

---

① 朱晓喆. 诉讼时效制度的价值基础与规范表达《民法总则》第九章评释 [J]. 中外法学，2017，29（03）：708.

② 莱茵哈德·齐默曼. 德国新债法：历史与比较的视角 [M]. 韩光明，译. 北京：法律出版社，2012：189-190.

起算标准所具有的利弊相兼、得失共存特点，使如何选择起算标准成为一个具有政策性色彩的设计，体现了立法对于劳动争议当事人如何保护的一种选择，这种选择也理应受到正当性的审视。基于以上两个理由，可以尝试从劳动仲裁时效制度正当性的角度来寻求有效梳理和构建起算制度。

（一）主客观起算标准的正当性判定

从技术角度看来劳动仲裁一般时效采用主观起算标准有益于整个消灭时效体系的起算统一，但是从正当性角度来审视仍然存在正反两个方面的声音，认为以"劳动争议发生之日"起算更为合理的观点仍然存在，结合劳动仲裁时效制度正当性的论证，有进一步从时效功能和劳动者仲裁能力考察的必要。认为应该从"劳动争议发生之日"起算的主要理由在于劳动者处于弱势地位，即便知道自己权利被侵害，也可能因顾及生存发展利益不愿意或不敢与用人单位争议，若没有发生争议则时效不起算，能够较好地保护劳动者的权益。此种思路的确符合劳动法保护劳动者的基本原则，但一般劳动仲裁时效若采取该起算标准，将会仅凭权利人个人主观意志就能决定所有劳动债权"请求权之行使"距离"请求权之产生"的时间，不仅不能体现法律对不同类型权利的差别保护的目的，更重要的是若当事人迟迟不愿发生劳动争议不行使请求权则期间将无限期被推延。"时效不能被无限期地推延。当事人必须在某个阶段确定无疑地结束争议案件"[①]，这是消灭时效追求的效率、秩序和安全价值的重要保障，也已经成为消灭时效制度发展的共同趋势之一。而将"知道或应当知道"作为一般时效期间的起算点，除非确有障碍事项导致对自身债权的不可知外，债权人无法通过个人意愿来决定时效的起算点，这将有效地降低期间过长的可能性，同时对于需要予以倾斜保护的请求权可以单独设置特殊仲裁时效采客观起算标准。从劳动者可行能力的角度来看，基于时效的消极防御性，当债权人请求权面临债务人提出时效抗辩时，债务人必须要证明抗辩条件的成立，即时效期间的完成。而时效期间是否完成又取决于时效起算标准。当以主观时效作为起算标准时，将极大提高债务人的证明难度，因

---

① 莱茵哈德·齐默曼.德国新债法：历史与比较的视角［M］.韩光明，译.北京：法律出版社，2012：188.

为是否知道或者应当知道的情事是由债权人所控制的，债务人想要证明债权人的知悉情况是成本很高、困难很大的。劳动争议中90%以上的债权人都是用人单位，采用主观起算标准实际起到增加用人单位提起时效抗辩的难度的作用，在一定程度上增加了用人单位侵害劳动者权益的成本。增加用人单位提起时效抗辩的困难变相促进了劳动者与用人单位之间仲裁可行能力的平衡。从以上两个方面可以看出，目前立法选择的主客观兼采的起算标准更加符合劳动仲裁时效的正当性需求。

（二）细化劳动仲裁时效的主观起算标准

通常采主观起算标准的消灭时效，对于"知道或者应当知道"的对象有两个，一个是权利，具体可以包括请求权成立、权利受侵害等；另一个则是债权人。比如，《德国民法典》规定一般消灭时效的起算为"债权人在该年以内知悉或在无重大过失的情况下本应知悉使请求权成立的情事和债务人本人的"。《日本民法典》就因侵权行为产生的损害赔偿请求权适用主观起算标准，"受害人或者其法定代表人自知道侵权行为的损害和身份后三年内未行使时，因时效而消灭"。《法国民法典》中一般消灭时效"自权利（持有人）知道或应当知道其可以行使权利的事实之日起计算"。这里的"可以行使"，不仅指法律上的障碍，也包括知晓请求权的类型和义务人。我国在制定《民法典》的时候，也将原来的"从知道或者应当知道权利被侵害时"扩展为"知道或者应当知道权利受到损害以及义务人之日"。产生这种变化的原因是显而易见的，因为权利人必须向特定的义务人主张行使请求权。劳动仲裁时效起算规定中缺少知晓债权人的要求，一方面是因为在向诉讼时效起算制度靠拢时，当时的民法通则也没有规定债权人造成的；另一方面由于劳动争议发生在建立或曾经建立劳动合同关系的用人单位和劳动者之间，因此通常来说债权人是清晰确定的。然而在特定情况下债权人仍存着不清晰的可能性。如当劳动者在劳动关系终止后申请仲裁，若原用人单位因合并分立造成主体身份上的变化，则劳动者需要查清承继自己债权的新债务人身份；再如，因职业病提起的劳动侵权赔偿请求权，一些慢性病的隐蔽性会导致劳动者知悉与侵害发生之间的时间较长，从而无法知晓是自己职业生涯中的哪一个具体用人单位所造成的。在劳动争议中也存在着对债权人身份予以确认的实际需要，因此劳动仲裁一般时效的起算点可以就知悉的对象细化为权利被侵害和义务人两个方面。

（三）扩充客观起算标准的请求权范围

目前立法基于以下两个理由仅就劳动报酬请求权适用特殊仲裁时效及客观计算标准，一是部分行业，尤其是建筑业拖欠工资问题比较突出，工人劳动报酬往往年底结算，一年时效期间不能有效保护劳动者的合法权益。二是劳动者为了维护劳动关系，在劳动关系存续期间对用人单位拖欠劳动报酬的行为不敢主张权利，而劳动关系已经终止的情况下，则没有维系劳动关系的顾虑。① 以上两个理由反映出两个问题，一是劳动仲裁时效制度的政策色彩浓厚。"中国的政与法之间长期以来的紧密纠缠。法律与其说是像在现代西方那样的维护个人权利的体系，不如说是国家治理的工具。"② 建筑业属于农民工高密度从事的代表性行业，受制于过去制度保护及能力上的欠缺，农民工成了弱势中的弱势，成为劳动权益受损严重的群体。最常见的侵害农民工权益的情形包括欠薪、工伤赔偿等，相较于工伤赔偿的个人维权，年终岁尾的大规模讨薪活动易于形成群体性行为，对于社会安定秩序形成了巨大冲击。因此国家和政府对于该问题予以高度关注，劳动法上将拖欠劳动报酬适用特殊仲裁时效制度，刑法上将拒不支付劳动报酬入罪，在行政上以行政命令的方式要求地方政府承担帮助农民工讨薪的责任，都体现了对突出社会问题的政策考量。除了对社会安定秩序的追求，对拖欠劳动报酬适用特殊仲裁时效制度，也有利于减少劳动者因时效考量频繁提出劳动争议的可能性，从而保障国家就业水平以及劳动关系的稳定。二是劳动报酬对于劳动者个人维持生存权益的重要性。在生存权益受损影响生存尊严的情况下，劳动者极易选择维权，

① 李援.《中华人民共和国劳动争议调解仲裁法》条文释义与案例精解［M］. 北京：中国民主法制出版社，2012：98-99.

② 黄宗智，尤陈俊. 历史社会法学：中国的实践法史与法理［M］. 北京：法律出版社，2014：15.

因此通过适用特殊仲裁时效的客观起算标准能够起到良好的安抚作用。①

如果我们将劳动报酬请求权适用客观起算点的理由作为依据，用以审视其他请求权，可以看出扩充客观起算标准的适用范围以实现对特定请求权的倾斜保护具有正当性。首先，从劳动争议的类型上来看，除了劳动报酬外，因工作时间、休息休假等劳动基准的争议、社会保险损害赔偿也是容易引发集体争议的争议类型。②由于我国集体劳动争议能力受限，劳动争议的解决主要依赖个体劳动争议解决机制，因此应该积极发挥个别劳动争议解决机制的制度代偿功能。③其次，从请求权利益辐射的范围来看，劳动报酬对于个人生存利益的维护当然重要，但除此之外，工伤、医疗保障是劳动者在健康、安全甚至是生命陷入极大风险时重要的利益保障。从理论上来说，个人利益、集体利益和社会利益应受保护的程度是递增的，通过环境保护法将环境损害赔偿请求权赋予长时效期间可见一斑。当发生劳动基准及社会保险相关争议时，这种对劳动者基本权益侵害往往并非是个案，通常是同个用人单位内同类型劳动者共同面临的问题，在实务中也可以发现不同劳动者对同一用人单位就同一请求权发起的连续仲裁和诉讼。因此劳动基准相关的债权请求权与社会保险赔偿请求权不仅有利于维护个体利益，也有利于维护本单位集体劳动者的权益。且随着劳动者社会群体意识的不断提升，如近些年社会上关于"996工作制"的大讨论、"打工人"网络自嘲的流行等，无一不揭示出劳工阶

---

① 有学者基于对当代中国国家与劳工关系的考察提出了"安抚型国家"的概念。它大致具有三个方面的特点：一是"模糊利益冲突"，即国家维持现状，就事论事地解决问题，而非推进不同社会群体的利益协调机制；二是"言行分离"，即国家更多采用政策实践来解决问题，而非按照公布的法律法规和政策本身（政策文本）来解决问题，政策文本在实践中更多不是作为标准而存在，而是作为"参照"而存在；三是"点面结合"，即国家在整体上对劳工进行"精神安抚"（意识形态宣传），在个别问题上进行"物质安抚"（如对坚持维权的农民工给予补偿）。
郑广怀.劳工权益与安抚型国家：以珠江三角洲农民工为例［J］.开放时代，2010（5）：27.

② 随着劳动法治观念的提升，劳动者对于利益的诉求也在不断提高。如有学者就认为2010年5月佛山市南海本田员工为提高福利待遇而举行集体罢工，不仅标志着劳工利益诉求已从工资收入、工作时间、社会保险、劳动保护等由国家法律明文规定的标准而展开的"底线型"利益诉求，变为要求自身利益增长与企业利益增长和社会发展保持同步的"增长型"利益诉求，而且标志着中国劳资关系领域正在进入"集体行动"多发的时期，劳工抗争进入了一个新的阶段。
岳经纶.在维权与维稳之间：中国劳动关系的困境与出路［J］.探索与争鸣，2013（9）：47.

③ 对制度代偿功能的论述可见本书第三章中"劳动仲裁可行能力引入的价值和功能"部分。

层面临的劳动保护困境，在用人单位对劳动基准等法律制度的违反已成为一种行业文化的情形下，对因此产生的债权请求权予以时效制度上的倾斜保护更是对社会利益的维护。

（四）增补起算标准的制度配套

一是对于一般劳动仲裁时效的主观起算标准，应当配套适用最长时效期间制度。结合"时效不能被无限期地推延"的规则，当事人不能因为主观上的不知晓而无限推迟至一个无法预测的时间，必须在某个阶段确定无疑地结束争议案件。因此主观起算标准必须有最长时效期间制度进行配套补充。从消灭时效体系化的角度来看，劳动仲裁的最长时效期间应该采取客观标准，可以选择"从权利受侵害"作为起算点判断标准；从期间长度结合劳动者的劳动生涯长度来判断，在30年左右更为合理，且不适用时效的中止、中断制度，在时效期间结束后请求权即面临有效抗辩，而不论债权人是否知情。

二是时效起算点的确定，可以借鉴《德国民法典》中的规定，按照年度为单位，以知晓权利被侵害以及义务人的年末计算。首先，当前劳动仲裁时效的起算点以"日"为单位计算，这种计算方式首先存在着举证困难的问题，尤其是对侵权之债要求当事人举证证明起算事由发生在具体哪一天是十分苛刻的。[①] 其次，以"日"计算起算点不符合劳动债权债务关系的实际需要。以合同之债为例，民事关系中的平等主体之间的合同债权请求权的成立，通常可以通过合同约定确定的履行之日起计算。而劳动关系多存在于用人单位组织化的生产经营活动中，不仅企业通行的会计制度是以年度为单位来清理结算债权债务，而且对劳动者来说以继续性合同为基础产生的债权具有周期性的特点，如工资按月或按年计算，未签订书面劳动合同的二倍工资、未休年休假工资等多以年度为周期。从和谐劳动关系正当性的角度来看，企业与劳动者处于利益相关的关系，劳动者依附于用人单位实现生存利益，用人单位则需要劳动者来实现经营发展利益，因此对于用人单位生产经营状况影响偶尔产生的违约行为，劳动者也应该在一定限度内予以宽容。[②] 时效起算制度规

---

① 杨巍.民法时效制度的理论反思与案例研究［M］.北京：北京大学出版社，2015：341-342.

② 如用人单位出现工资发放拖延几日的情形，一般情况下并不会引发劳动者即刻行使救济权。

则上也不应起到鼓励劳动者即刻行使司法救济权的功能。综合上述情况，可借鉴《德国民法典》中的规则，"普通消灭时效期间自有下列情形之年的年末起算：请求权系在该年以内发生的；且债权人在该年以内知悉或在无重大过失的情况下本应知悉使请求权成立的情事和债务人本人的"。对劳动仲裁一般时效的起算点规定为知道或应当知道其权利被侵害以及义务人的当年年末起算。

四、小结

从制度发展史予以考察，可以看出劳动仲裁时效起算的设置存在客观起算标准与主观起算标准之间的犹疑。结合域外消灭时效起算的制度发展，可以看出主客观起算标准各自具有优缺点，因此很多国家在消灭时效体系的发展中选择了主客观兼采的起算标准。我国劳动仲裁时效制度也做出了相同的选择，对一般仲裁时效采取主观起算标准，对特殊仲裁时效采用客观起算标准。这种中间道路决定了劳动仲裁时效起算利弊相兼、得失共存的制度特点，在起算标准的表述方式、起算体系的繁简程度和起算标准的制度配套差异上都有所体现。完美时效起算点的不存在，为摆脱技术性困扰，寻找起算标准的正当性，需要我们转而向劳动法的部门宗旨价值寻求衡量依据，并结合我国对劳动仲裁时效起算制度的政策性需求，从劳动仲裁时效制度的正当性角度来梳理和建构起算制度。从时效的制度功能和劳动者仲裁可行能力的角度来看，目前立法采取的混合起算模式具有正当性，但在具体制度设计上仍然需要进一步的优化。对于劳动仲裁时效的主观起算标准，应该将义务人的知悉涵盖其中；应该将劳动基准和社会保险损害赔偿请求权纳入客观起算标准的请求权范围；增补一般劳动仲裁时效的最长时效期间制度以及将时效起算点的计算按照年度为单位，以知晓权利被侵害以及义务人的年末计算。

第五章

劳动仲裁时效实然规则的解释适用

第一节　劳动仲裁时效实然规则解释适用问题归纳

在应对式立法思维的影响下，劳动争议调解仲裁法关注了劳动法时期的时效问题，对时效制度进行了大量的修补和增订。旧有问题基本修复的同时也引发了一些新问题的产生，司法实践中的争议仍有出现。为了在本地区对争议问题达到同案同判的司法效果，许多省级仲裁机构和法院纷纷借助地方司法文件的方式做出解释和引导。通过对这些地方司法文件进行梳理，我们可以看出目前劳动仲裁时效实然争议问题聚焦于以下三个方面。一是时效在仲裁和诉讼程序中的衔接问题。[①]对这一问题，本文在劳动仲裁时效名实相符的立法进路探讨中就指出是由劳动争议解决机制衔接不畅所导致的，并提出

[①] 如江西省《关于办理劳动争议案件若干问题的解答（试行）》对当事人在仲裁阶段未提出仲裁时效抗辩的，在诉讼阶段提出的处理意见为：劳动人事仲裁机构受理劳动争议案件并做出实体裁决，当事人在仲裁审理过程中没有提出仲裁时效抗辩的，但在一审时提出的，不予支持。劳动人事仲裁机构未经审理直接做出不予受理通知的，当事人在一审时提出仲裁时效抗辩的，人民法院应予审理。当事人未按照规定提出仲裁时效抗辩，又以仲裁时效期间届满为由申请再审或者提出再审抗辩的，不予支持。吉林省《关于审理劳动争议案件法律适用问题的解答（二）》对于当事人未在仲裁阶段提出仲裁时效抗辩的，在诉讼阶段提出的处理意见为：仲裁机构受理劳动争议案件并做出实体裁决，当事人在仲裁审理过程中没有提出仲裁时效抗辩，但在一审时提出的，不予支持；仲裁机构未经审理直接做出不予受理通知，当事人在一审时提出仲裁时效抗辩的，人民法院应予审理。对用人单位在仲裁阶段提出仲裁时效抗辩，仲裁机构未予支持的，人民法院的处理方式为：用人单位在仲裁阶段提出仲裁时效抗辩，仲裁机构未予支持，用人单位在诉讼中坚持仲裁时效抗辩的，人民法院应予审理。

通过缩减审级和关联机构设置的裁审系统化对接予以解决，因此本部分就此问题就不再赘述。二是确认劳动关系是否适用仲裁时效制度的问题。[①] 对于该问题，本文在第四章中进行了详述，认为造成司法认定争议的原因在于劳动争议调解仲裁法没有对仲裁时效的概念进行界定，在分析争议观点的基础上提出，应该通过立法修订改变法律条文的模糊性，以对劳动仲裁时效概念清晰界定的方式来明确其适用对象为请求权。三是特殊仲裁时效制度的适用问题。[②] 劳动争议调解仲裁法中将拖欠劳动报酬发生的争议适用特殊仲裁时效制度，这一立法上的改革很好地维护了劳动者的权益，对劳动者的相对弱势地位起到了矫正作用，成为立法中的一大亮点。但由于条文中使用了"劳动报酬"的字样，针对一些与"工资"相关的劳动争议是否适用特殊仲裁时效制度，在实践中引发了一定的争议。其中又以"二倍工资""带薪年休假工资"和"加班工资"的时效制度适用引发的争议最大。由于新法规定的进步性，在立法层面的问题并不显著，相关争议可以通过解释适用的方式得到解决，因此本部分借助地方司法文件及裁判的比较考察，对地区间的裁审差异进行合理性探讨，以分析特殊仲裁时效的解释适用问题。

第二节　特殊仲裁时效适用中的基本概念剖析

　　文义解释和体系解释的方法是从解释论的角度审视劳动仲裁特殊时效制度适用的必要切入点。由于裁审争议的焦点集中于对于特定的"工资"是否属于劳动报酬的判定，因此二者在概念和内涵上的关系的厘清就成为解决争议的前提。劳动报酬和工资的共性与差异应该从法律条文的规范角度着手，探寻不同法律规范在这两类概念上的呈现是否无矛盾、具备完整性及秩序性的关联关系。

---

①　对该问题，江西省、吉林省、天津市等地通过地方司法文件做出了解释。

②　该问题是各省司法文件中显著关注的问题，成为文件中着重着墨的问题。

一、劳动报酬与工资概念的文本呈现

从法律文本和语词入手，引发争议的"工资"问题在语义上当然与劳动报酬有着高度关联性，但在制度表述上则与劳动报酬并不完全等同。我国劳动法在条文中分别提到了三个相关概念，即劳动报酬、工资和工资报酬。对于劳动报酬的概念，主要是在第三条中将获得劳动报酬的权利视为劳动者权利的一种，而后在个别劳动合同和集体劳动合同中将劳动报酬作为合同必备条款来规定。对于工资的概念，则通过第五章对其进行了专章规定，提出工资支付原则是"工资分配应当遵循按劳分配原则，实行同工同酬"。此外包括工资的分配方式、最低工资保障、工资支付形式（工资应当以货币形式按月支付给劳动者本人。不得克扣或者无故拖欠劳动者的工资）以及法定休假日和婚丧假期间工资保障（劳动者在法定休假日和婚丧假期间以及依法参加社会活动期间，用人单位应当依法支付工资）。以上的概念使用的区别折射出劳动报酬是劳动者因具备劳动者身份而从用人单位所获得的所有回报的总称。工资则是劳动者因完成工作得到的对价。对于工资报酬的概念，是在第四十四条针对延长工时的报酬支付中提及的，"有下列情形之一的，用人单位应当按照下列标准支付高于劳动者正常工作时间工资的工资报酬：（一）安排劳动者延长工作时间的，支付不低于工资的百分之一百五十的工资报酬；（二）休息日安排劳动者工作又不能安排补休的，支付不低于工资的百分之二百的工资报酬；（三）法定休假日安排劳动者工作的，支付不低于工资的百分之三百的工资报酬"。类似的逻辑在劳动合同法中也有体现，如第二十二条有关服务期的规定中提到"用人单位与劳动者约定服务期的，不影响按照正常的工资调整机制提高劳动者在服务期期间的劳动报酬"。可见劳动者在延长工时的报酬里，既有因本身劳动得到的对价工资，也有在正常工作时间之外劳动而获得的劳动法规定的报酬。劳动争议调解仲裁法中并没有有关工资的规定，仅在第四十七条有关一裁终局的适用情形中提到"追索劳动报酬、工伤医疗费、经济补偿或者赔偿金，不超过当地月最低工资标准十二个月金额的争议"。从劳动合同法和劳动争议调解仲裁法的规定中可以看出，工资在技术上往往是计算劳动报酬的一个依据，其他非工资报酬的计算通常与工资水平相挂钩。而将劳动报酬、工伤医疗费、经济补偿、赔偿金等发生的争议进行并列的规定，则可以看出并非所有的与金钱相关的权利都属于劳动报酬的行列，至少将工伤医疗、经济补偿和赔偿金排除在外。

此外劳动报酬和工资在不同的部门法规定中也呈现出不同面貌，存在着将劳动报酬和工资混用的情况。比如，国家统计局《关于工资总额组成的规定》在统计范畴提到了"工资总额"的概念，将个人收入的"工资总额"指标和个人支出的"物价指数"指标进行统计，主要是出于宏观调控的目的，避免产生收入差距和物价波动过大的问题。其在第四条中提到工资总额由计时工资、计件工资、奖金、津贴和补贴、加班加点工资以及特殊情况下支付的工资六个部分组成。[①] 这里使用"工资"来表述所有劳动报酬的类型，虽然是从宏观角度对工资总额的规定，但宏观是建立在微观的基础之上的，因此也表明了具体工资的组成类型。再比如，税法引入了"工资薪金"概念，作为企业税前扣除的项目。企业所得税法实施条例第三十四条规定"工资薪金，是指企业每一纳税年度支付给在本企业任职或者受雇的员工的所有现金形式或者非现金形式的劳动报酬，包括基本工资、奖金、津贴、补贴、年终加薪、加班工资，以及与员工任职或者受雇有关的其他支出"。这里的工资薪金表达了两个部分，工资部分与劳务报酬相区别，指的是"任职"或"受雇"的劳动关系下劳动者获得的劳动报酬；薪金部分则指代与员工任职或者受雇有关的其他支出，主要体现为雇用季节工、临时工、实习生、返聘离退休人员实

[①] 《关于工资总额组成的规定》中对工资组成部分每一类劳动报酬的概念和内涵进行了规定。奖金是指支付给职工的超额劳动报酬和增收节支的劳动报酬。包括：（一）生产奖；（二）节约奖；（三）劳动竞赛奖；（四）机关、事业单位的奖励工资；（五）其他奖金。津贴和补贴是指为了补偿职工特殊或额外的劳动消耗和因其他特殊原因支付给职工的津贴，以及为了保证职工工资水平不受物价影响支付给职工的物价补贴。津贴包括：补偿职工特殊或额外劳动消耗的津贴，保健性津贴，技术性津贴，年功性津贴及其他津贴。物价补贴包括：为保证职工工资水平不受物价上涨或变动影响而支付的各种补贴。加班加点工资是指按规定支付的加班工资和加点工资。特殊情况下支付的工资包括：（一）根据国家法律、法规和政策规定，因病、工伤、产假、计划生育假、婚假、事假、探亲假、定期休假、停工学习、执行国家或社会义务等原因按计时工资标准或计时工资标准的一定比例支付的工资；（二）附加工资、保留工资。

际发生的劳务费用等。可见这里的工资薪金指的就是劳动报酬，而劳动报酬包含了劳动关系报酬和劳务报酬两个部分。此外刑法中将拒不支付劳动报酬行为入刑，根据《最高人民法院关于审理拒不支付劳动报酬刑事案件适用法律若干问题的解释》，这里的劳动报酬完全等同于劳动法中的劳动报酬概念，"劳动者依照《中华人民共和国劳动法》和《中华人民共和国劳动合同法》等法律的规定应得的劳动报酬，包括工资、奖金、津贴、补贴、延长工作时间的工资报酬、特殊情况下支付的工资等，应当认定为刑法第二百七十六条之一第一款规定的'劳动者的劳动报酬'"。

从上述法律条文的规定我们可以看出，由于存在立法年代和目的的差异，劳动报酬和工资概念在不同部门法的使用中存在着较为混乱的情况。但通过梳理可以发现一个基本的逻辑，在劳动法域内劳动报酬是工资的上位概念，是劳动者权利的重要组成部分，而工资则是劳动报酬最主要和最重要的表现形式。从类型上来看，劳动报酬应该包含工资、奖金、津贴、补贴、延长工作时间的工资报酬、特殊情况下支付的工资等多种形式。当劳动争议调解仲裁法就请求权规定劳动仲裁时效制度时，其必定以劳动报酬这一权利作为规范的对象，同时能够涵盖更大范围的报酬类型。因此仅从文义上来看，拖欠工资的争议不能被排除在拖欠劳动报酬的争议范畴之外。

二、我国劳动法体系下的工资支付逻辑

从字面文本意思上不可排除工资属于劳动报酬的范畴，进而我们需要明确在实质意义上是否以工资之名指称的对象都具备劳动报酬的权利属性。对这一问题可以通过对既有规范已经明确属于工资的劳动报酬体现出的支付逻辑来判定。这些规范除了上文提到的《关于工资总额组成的规定》外，最主要的就是原劳动部发布实施的《工资支付暂行规定》《对〈工资支付暂行规定〉有关问题的补充规定》（下称"工资支付补充规定"）以及原劳动和社会保障部发布实施的《最低工资规定》等部门规章。从这些部门规章的条文中，我们可以发现劳动法体系下的工资支付展示出如下逻辑。

（一）契约思维下的"有劳动必支付"

当劳动者与用人单位处于两个人格者之间的劳务与报酬的交换关系中时，

此时劳动成为劳动者一方提供的商品，用人单位在购买此商品时当然性的需要支付对价。因此在约定范围内的正常工作时间提供的定额劳动需要以工资的形式提供劳动报酬，而超额劳动则需要以加班加点工资、奖金形式向劳动者提供更多劳动报酬。此时的工资支付逻辑是在纯粹的债权债务关系中展开的。

（二）社会法思维下的"没有劳动有时也需支付"

《工资支付暂行规定》也设置了三种"没有劳动也需支付"情形，第一类为视为提供正常劳动而支付工资的情形。"劳动者在法定工作时间内依法参加社会活动期间，用人单位应视同其提供了正常劳动而支付工资。"①这一规定主要反映了对社会联合体秩序的尊重。"人类社会是彼此具有相互关系的人类联合体的总和。"②人们通过不同形式的组织组成的各种小的联合体最终形成了人类社会的整体，因此这些社会活动的参与，并非参与者的个体事项，而是代表社会联合体的成员去履行社会活动的义务，基于处在联合体中的彼此互相关联的关系，法律本身应该鼓励社会活动的参加者，更不能令其因此承受不利的后果。第二类为劳动者休假期间应该支付工资的情形。这里的假期包括年休假、探亲假、婚假和丧假。此种情况主要是基于伦理考量和发挥用人单位对劳动者保护照顾义务的精神。年休假的作用在于维护劳动者休息休假权利，更好调动工作积极性。探亲假则用以解决职工同亲属长期远居两地的探亲问题。而婚丧假都属于人生中的重大事项，通常在婚丧事情发生时，不免增加开销，不能因料理婚丧事务而影响工资收入。③可见此时法律更加凸显劳动者的人格属性而非商品属性，因尊重劳动者保有社会身份而要求用人单位承担工资的续付义务。第三类为非因劳动者原因造成停工停产应该支付工资的情形。此种情形的支付具有时间周期的限制，"在一个工资支付周期内的，

① 社会活动包括：依法行使选举权或被选举权；当选代表出席乡（镇）、区以上政府、党派、工会、青年团、妇女联合会等组织召开的会议；出任人民法庭证明人；出席劳动模范、先进工作者大会；工会法规定的不脱产工会基层委员会委员因工会活动占用的生产或工作时间；其他依法参加的社会活动。

② 尤根·埃利希. 法律社会学基本原理［M］. 叶名怡，袁震，译. 北京：中国社会科学出版社，2009：18.

③ 黄越钦. 劳动法新论［M］. 北京：中国政法大学出版社，2003：219.

用人单位应按劳动合同规定的标准支付劳动者工资。超过一个工资支付周期的，若劳动者提供了正常劳动，则支付给劳动者的劳动报酬不得低于当地的最低工资标准；若劳动者没有提供正常劳动，应按国家有关规定办理。"这一规定体现了劳动法对劳动者依赖工资保障基本生活的保护，认为用人单位在风险承担上的能力更强，因此在非因劳动者原因造成的停工停产时，用人单位在合理周期内仍应该支付工资，当然考虑到双方利益的平衡在支付周期和支付标准上进行了一定程度的限制。此外其他法律法规中也有类似的规定，如《最低工资规定》中提到"本规定所称正常劳动，是指劳动者按依法签订的劳动合同约定，在法定工作时间或劳动合同约定的工作时间内从事的劳动。劳动者依法享受带薪年休假、探亲假、婚丧假、生育（产）假、节育手术假等国家规定的假期间，以及法定工作时间内依法参加社会活动期间，视为提供了正常劳动"。可以看出以上情形都突破了传统民法的契约思维下的没有劳动就没有对价的支付逻辑，而是将社会需求、伦理照顾等社会法理念纳入工资支付制度的考量，体现了劳动法的社会法属性。

（三）拖欠与克扣的区别

劳动法中对于侵害劳动报酬权的方式规定了克扣和无故拖欠劳动者工资的两种情形，而在《劳动争议调解仲裁法》中仅针对"拖欠"劳动报酬适用特殊仲裁时效，因此产生了克扣劳动报酬是否适用特殊仲裁时效的问题。

根据工资支付补充规定的解释，所谓"克扣"指用人单位无正当理由扣减劳动者应得工资（即在劳动者已提供正常劳动的前提下用人单位按劳动合同规定的标准应当支付给劳动者的全部劳动报酬）。[①]所称"无故拖欠"指用人单位无正当理由超过规定付薪时间未支付劳动者工资。[②]可见克扣和拖欠在

---

① 不包括以下减发工资的情况：（一）国家的法律、法规中有明确规定的；（二）依法签订的劳动合同中有明确规定的；（三）用人单位依法制定并经职代会批准的厂规、厂纪中有明确规定的；（四）企业工资总额与经济效益相联系，经济效益下浮时，工资必须下浮的（但支付给劳动者工资不得低于当地最低工资标准）；（五）因劳动者请事假等相应减发工资等。

② 不包括：（一）用人单位遇到非人力所能抗拒的自然灾害、战争等原因，无法按时支付工资；（二）用人单位确因生产经营困难、资金周转受到影响，在征得本单位工会同意后，可暂时延期支付劳动者工资，延期时间的最长限制可由各省、自治区、直辖市劳动行政部门根据各地情况确定。其他情况下拖欠工资均属无故拖欠。

工资支付逻辑上是有着明显的差别的。克扣意味着用人单位不完全地支付了劳动者的劳动报酬，对于这种不完全支付是克扣还是合理扣除，需要结合相关证据予以查清。而拖欠是超时未支付劳动报酬，对于应该支付的劳动报酬的数额本身是清晰的，其本身要证明的事实是应该支付而超时未支付的问题。基于劳动法规已经将两种侵害劳动报酬权的方式进行了明确的区别，劳动争议调解仲裁法仅将拖欠劳动报酬争议纳入特殊仲裁时效适用的范围，应该并非语义上的泛指而是有意为之，且从争议查清的角度来看克扣相较于拖欠对待证事实上的证明难度要大，对证据的时间要求更高，因此克扣劳动报酬的争议不应适用特殊仲裁时效制度。

第三节　二倍工资的劳动仲裁时效适用

劳动合同法第八十二条规定："用人单位自用工之日起超过一个月不满一年未与劳动者订立书面劳动合同的，应当向劳动者每月支付二倍的工资。用人单位违反本法规定不与劳动者订立无固定期限劳动合同的，自应当订立无固定期限劳动合同之日起向劳动者每月支付二倍的工资。"实务中对于第二倍的工资是否属于劳动报酬而适用特殊仲裁时效制度存在着争议，并由此产生了大量裁审上的矛盾认定，成为亟须明确的问题。

一、二倍工资的劳动报酬属性界定

用人单位通过不签订书面劳动合同来逃避劳动法义务的做法在我国劳动力市场上屡见不鲜，而劳动合同法引入的无固定期限劳动合同更是被许多用人单位视为洪水猛兽，不惜通过各种方式进行规避。书面的劳动合同的订立虽然与劳动关系的建立没有关联，但在实务中却发挥着十分重要的证据功能，如果没有签订书面的劳动合同将给劳动者权利行使带来极大的不便利。而规避无固定期限劳动合同的签订，将有损劳动法为了稳定劳动关系保护劳动者的制度目的。通过二倍工资制度的建立，能够加大用人单位的违法成本，从风险和经济的角度来限制上述违法情形的出现。

否定二倍工资的劳动报酬属性在实务中比较占据主流，这一观点体现在目前多省高级人民法院的地方司法文件的意见中。虽然不是全国所有的省份都对该问题做出了解释，但已经形成司法意见的省份以及能够搜索到的各省高级人民法院的司法判决都否定了二倍工资应该适用特殊仲裁时效。这种否定呈现为三种方式，一种是直接认定二倍工资不属于劳动报酬，但回避其性质认定，直接就如何具体适用一般仲裁时效进行细化规定。如吉林省、浙江省、四川省、天津市和广东省都采取了此种方法，在具体司法实践中也表现得十分突出。① 也许是为了避免引发对属性认定的法律争议，这种方法并没有说明二倍工资不适用特殊仲裁时效的原因，但缺乏说理基础上的认定本身的说服力是有欠缺的。第二类是上海市的意见，认为"从该条规定的立法本意分析，双倍工资的性质并非完全是劳动者提供正常劳动所获得的一种劳动报酬，其超出双方约定的劳动报酬的部分是因用人单位未按法律规定与劳动者签订书面劳动合同而应承担的法定责任"。这种认定可被诘问的地方在于法定责任与劳动报酬之间并非互相排斥的关系，换言之用人单位因不签订书面劳动合同的法定责任是需要以加倍给付劳动报酬来购买劳动力，并不必然排除双倍工资适用特殊仲裁时效。第三类以北京市和山东省为代表，认为二倍工资本质上属于惩罚性赔偿金。由于我国劳动法在多个不同规范下，都将劳动报酬与赔偿金进行并列性立法，可以明确赔偿金不属于劳动报酬的范畴，因此此种认定也得到了相当程度的肯定，认为第二倍工资是对用人单位违反订立书面劳动合同和无固定期限劳动合同法定义务的惩罚性赔偿金。"劳动合同法第八十二条针对实践中劳动合同签订率低以及劳动法第十六条仅规定'建

---

① 以天津市为例，通过检索得到高级人民法院有关二倍工资性质及使用时效制度的司法案例二则，分别为（2019）津民申1521号马春平、中粮可口可乐饮料（天津）有限公司劳动争议再审审查与审判监督民事裁定书，（2019）津民申524号刘文森、保利物业发展股份有限公司天津分公司劳动争议再审审查与审判监督民事裁定书，其中都同样判定"二倍工资的性质不属于劳动报酬，应当将其作为一个整体按照《中华人民共和国劳动争议调解仲裁法》第二十七条第一款的规定计算时效"。

立劳动关系应当订立劳动合同'而没有规定违法后果的立法缺陷，增设了二倍工资的惩罚，该第二倍差额的性质并非劳动者的劳动所得而是对用人单位违反法律规定的一种惩戒。二倍工资的立法目的在于提高书面劳动合同签订率、明晰劳动关系中的权利义务而非劳动者可以从中谋取超出劳动报酬的额外利益。"①以上的否定性意见都有一定程度的合理性，但存在的主要问题在于这些思路都呈现出一种"有劳动必支付，无劳动无报酬"的民事"对价"思维，否定立法目的上的惩戒是可以通过支付劳动者多倍报酬的方式来实现，对二倍工资不适用特殊仲裁时效制度的认定欠缺社会法思维下的逻辑思考，并不具备完全的说服力。

二倍工资从制度功能上是为了通过提高用人单位的违法成本，保障书面劳动合同的签订和无固定期限劳动关系的建立，此时使用"工资"作为表述更多的是将其作为计算赔偿金的基数和依据，其维护社会需求和进行伦理照顾的意味并不足够浓厚。从劳动者的仲裁可行能力的角度来看，当用人单位在劳动关系建立之初就存在着不签订书面劳动合同的违法行为，对劳动者来说就有审慎思考是否应该长期供职于该用人单位的必要。因为可以合理预期的是，一个不愿意签订书面合同的用人单位在本质上是不愿意承担劳动法的义务的，劳动关系存续时间越长，劳动者权利受侵害程度和风险就越大，此时对二倍工资不适用特殊仲裁时效制度，能够促使劳动者及时维护自身权益，获得法律赋予的二倍工资的同时也有利于司法机关在短期内查清案件事实。类似的逻辑也存在于不签订无固定期限劳动合同的情形中，当用人单位在满足订立条件而拒绝签订无固定期限劳动合同时，劳动者积极行使二倍工资的请求权，能够通过司法权确认无固定期限劳动合同关系的存在。如果将二倍工资适用特殊仲裁时效制度，将可能延长劳动者请求权提出的期间，在缺乏书面劳动合同证明力的情况下，不仅加大了劳动者举证难度，同时也增加了劳动者其他劳动权利受侵害的风险。因此从正当性的角度考察，将二倍工资视为劳动报酬适用特殊仲裁时效，反而不利于劳动者仲裁可行能力的提高，

---

① 最高人民法院办公厅. 北京泛太物流有限公司诉单晶晶劳动争议纠纷案［J/OL］. 中华人民共和国最高人民法院公报案例网站，2013–12–15.

有损劳动者整体利益的保障。

二、二倍工资仲裁时效的现行裁审差异梳理

目前各地对二倍工资如何适用一般仲裁时效存在着较大的差异，虽然在裁审实践上导致时效制度适用的效果不同，但也为厘清合理性制度提供了多元思路。

首先，对二倍工资请求权的起算点的差异。由于对于二倍工资有整体计算和分月计算的差异，导致各省市的时效起算点不同。对因未订立书面劳动合同的二倍工资采整体计算的包括吉林省、浙江省、广东省、山东省、天津市和北京市。这些省市将二倍工资的产生看作由连续行为产生的连续之债，因此选择连续行为的终止之日作为时效的起算点。其中吉林省将用工满一年作为分类标准，不满一年的由用工结束之日的次日起算，用工满一年的从满一年的次日计算。浙江省、广东省和山东省选择将补订劳动合同或者视为双方已订立无固定期限劳动合同之日作为起算点。北京市则采取将劳动者主张权利之日作为起算点，向前计算一年期间。对因未订立书面劳动合同的二倍工资采按月计算的包括四川省和上海市。四川省规定仲裁时效期间从未订立书面劳动合同满一月的次日起计算一年，仲裁时效期间应按月计算，从劳动者主张权利之日起向前倒推一年，对超过一年的二倍工资差额不予支持。上海市也规定从未签订书面劳动合同的第二个月起按月分别计算仲裁时效。可见分月计算的思路认为每个月产生的单月二倍工资都是一个单独的债权，因此要分别计算时效。然而对因未订立书面劳动合同的二倍工资采整体计算的多数省市，却否定了因未订立无固定期限劳动合同的二倍工资的连续之债的属性。如吉林省规定"劳动者要求支付二倍工资的仲裁时效自其应当订立无固定期限劳动合同之日起开始计算，超过一年仲裁时效期间的部分，用人单位以超过仲裁时效为由主张不予给付的，人民法院应予支持"。此时二倍工资不仅不被视为连续之债，起算点从权利被侵害之日计算，将二倍工资最高限制在12个月。天津市则在审理指南中明确将对因未订立书面劳动合同的二倍工资和因未订立无固定期限劳动合同的二倍工资区别规定，前者"应当作为

一个整体"计算仲裁时效，后者应当"按月计算仲裁时效"①。

其次，对于二倍工资的最长支付周期规定不同。对因未订立书面劳动合同的二倍工资采整体计算的省市，多数规定最长支付期限为11个月，即从起算之日起的1年内都可以对该整体11个月的二倍工资提起请求。但北京市规定最长为12个月，"二倍工资适用时效的计算方法为：在劳动者主张二倍工资时，因未签劳动合同行为处于持续状态，故时效可从其主张权利之日起向前计算一年，据此实际给付的二倍工资不超过十二个月，二倍工资按未订立劳动合同所对应时间用人单位应当正常支付的工资为标准计算"。而对此采分月计算的省市虽然理论上的最长支付期限也为11个月，但由于分月计算的原因，不同月份的请求权起算点不同，将会导致实际能够对抗时效抗辩的二倍工资随着主张权利的时间的推迟而出现减少的情况。如四川省规定"仲裁时效期间应按月计算，从劳动者主张权利之日起向前倒推一年，对超过一年的二倍工资差额不予支持。用人单位未与劳动者订立书面劳动合同的，用人单位实际给付的二倍工资差额不超过十一个月"。对于因未订立无固定期限劳动关系的二倍工资的最长支付期限也有12个月和11个月之分。多数省市规定从应当订立之日起算，因此最长支付期限为12个月。其中北京市规定"用人单位违反劳动合同法第十四条第二款、第八十二条第二款规定而不与劳动者订立无固定期限劳动合同的，法律法规对用人单位向劳动者支付二倍工资没有规

---

① 天津市高级人民法院发布的《天津法院劳动争议案件审理指南》中规定"12.【未签书面合同的二倍工资】用人单位自实际用工之日起超过一个月不满一年，因用人单位原因未签订书面劳动合同的，应当按照《中华人民共和国劳动合同法》第八十二条的规定向劳动者每月支付二倍工资，最长不超过十一个月。14.【合同到期未续订但继续工作的二倍工资】劳动合同期满未续签书面劳动合同，劳动者继续在原用人单位工作，原用人单位未表示异议，劳动者主张用人单位支付未与其签订书面劳动合同二倍工资的，予以支持。二倍工资的支付期限为劳动合同期满一个月的次日至双方补签书面劳动合同的前一日，但最长不超过十一个月。本条及第十二条规定的二倍工资的性质不属于劳动报酬，应当将其作为一个整体按照《中华人民共和国劳动争议调解仲裁法》第二十七条第一款的规定计算仲裁时效。15.【用人单位违法不订立无固定期限劳动合同的二倍工资】劳动者要求订立无固定期限劳动合同，用人单位违反《中华人民共和国劳动合同法》第十四条的规定不与劳动者订立无固定期限劳动合同，用人单位自应当订立无固定期限劳动合同之日至补签无固定期限劳动合同的前一日，向劳动者每月支付二倍工资。本条规定的二倍工资性质不属于劳动报酬，应当按照《中华人民共和国劳动争议调解仲裁法》第二十七条第一款的规定按月计算仲裁时效"。

定时间上限，即未签无固定期劳动合同时间与因此支付的双倍工资时间相同，而不受支付十二个月二倍工资上限限制，但适用一年的仲裁时效"。依此规定用人单位向劳动者支付二倍工资没有规定时间上限，但如果用人单位提起仲裁时效抗辩，能够得到司法救济的二倍工资因一年的时效期间向前计算，也将被限制在12个月内。浙江省对因未订立无固定期限劳动关系的二倍工资的支付周期限制在11个月之内，因此可以看出其对于应当订立无固定期限劳动合同也设定了一个月的书面合同订立期间，认为这一个月不适用二倍工资。

最后，对补签书面合同产生的时效效力认识不同。浙江省、广东省和山东省将补订劳动合同之日作为仲裁时效的起算之日，因此是否完全补订不影响二倍工资的计算周期。而四川省则认为补签合同将影响二倍工资的计算周期，"用人单位与劳动者虽然补签劳动合同，但未补签到实际用工之日的，对于补签固定期限劳动合同的，劳动者主张实际用工之日至补签前一日扣除一个月订立书面劳动合同宽限期的二倍工资差额，应予支持"。即如果用人单位完全补签了劳动合同，则可以不支付迟延签订书面合同的二倍工资。此外四川省规定"对于补签无固定期限劳动合同的劳动者主张自应当签订无固定期限劳动合同之日至补签无固定期限劳动合同的前一日的二倍工资差额，应予支持"。而吉林省则认为"用人单位应当与劳动者订立无固定期限劳动合同而未订立的，应当向劳动者支付二倍工资，双方已经订立固定期限劳动合同的除外"。

三、二倍工资仲裁时效应然裁审规则的归纳

首先，要确定二倍工资的继续性债权属性。从以上的裁审差异可以看出，二倍工资的债权属性对时效制度规则具有先决性的作用，对二倍工资属于继续性债权还是一时性债权，是设置劳动仲裁时效的起算点、期间、计算周期等一系列制度的前提性认识。按照债法的原理，一时的合同指合同之内容应一次给付即可实现，常见如买卖、赠与或承揽。而继续性合同，指合同内容非一次的给付可完结，而是继续的实现。其基本特色是时间因素在债的履行上居于重要地位，总体给付之内容系于应为给付时间的长度，其中雇佣合同

是其典型代表。① 劳动合同虽不同于民事合同，但是在民事合同基础上发展而来。劳动合同是劳动者持续提供劳务而用人单位持续周期性地提供劳动报酬作为履行内容的典型继续性合同，因此对二倍工资的认识不能离开这一合同的基本属性。从立法规定来看，虽然二倍工资被认为是一种法律规定的惩罚性赔偿金，但这种赔偿金的产生是用人单位的持续性违法行为导致的，并随着持续性违法的继续而需按月支付，因此满足继续性债权的特点。从仲裁时效的正当性角度考量，可以看出将二倍工资作为继续性债权整体计算更加合理，其理由有三。一是能够便于劳动者提起主张。将二倍工资整体计算的方法比较简单，不需要分别计算每一个月份产生的时效期间经过。二是有益于保障劳动者利益实现最大化。如果按照分月计算的方式，则实际上在督促劳动者从用人单位违法的初始就开始行使权利，但是根据劳动合同法的规定，劳动者可以合理预期的是若用人单位持续性违法将给自己持续带来二倍工资，甚至是签订无固定期限劳动合同的可能性。因此时效制度本身不应该限制劳动者在法律许可的范围内寻求自身利益最大化的可能。三是有益于保障二倍工资惩罚性功能的实现。最有益于劳动者利益实现的方式对用人单位来说就意味着更高的违法成本，当二倍工资作为惩罚性赔偿金时，时效制度应该确保这一惩罚功能的最大实现。

其次，二倍工资的继续性债权的时效计算体系应该统一。部分地方司法意见对违法不订立书面劳动合同的二倍工资和违法不订立无固定期限劳动合同的二倍工资分别适用整体计算和分月计算的方式，对于同样的继续性债权却采取割裂的计算方式，无疑是不合理的。究其根本，司法采取这种混用使用的计算方式，目的是确保不同类型的二倍工资在计算周期上都能够限定在12个月以内，以防止因违法不签订无固定期限的二倍工资的无限延展。从时效的实然要求上来看，当然不鼓励权利人无限期推延时效，但这一要求不能以对继续性债权性质时而认可时而否定来实现。

最后，时效制度的适用要尊重二倍工资的制度功能。其一，补签书面劳动合同不能免除支付二倍工资的义务。签订书面劳动合同的本意是发挥书面

---

① 王泽鉴.债法原理[M].2版.北京：北京大学出版社，2013：155-156.

劳动的证据功能，及时确定劳动合同类型、稳定劳动关系。因此当用人单位在一个月的法定期限内没有完成这一义务时，其本身就违法了。这一违法性并不会因为后续的补签得到弥补，因为在被拖延的期间劳动者权利的不安定性已经产生。其二，视为签订无固定期限劳动合同，但用人单位仍拒绝签订书面合同的，二倍工资的责任应持续产生。很多意见认为签订无固定期限劳动合同本身就是对用人单位的一种惩罚，因此无须再适用二倍工资的罚则。但是此种情形下用人单位的违法行为仍在持续，虽然劳动法认定此时视为订立无固定期限劳动合同，但当劳动者维权时，其仍然欠缺最有利的书面劳动合同对此予以证明。从这一角度来说，二倍工资将随着用人单位的持续性违法行为而持续产生。其三，同上之道理，违法不订立无固定期限劳动合同的二倍工资亦不应有上限限制，从"自应当订立无固定期限劳动合同之日起向劳动者每月支付二倍的工资"的字面分析，也不应该与首次签订劳动合同一样有一个月的豁免期限。

综合以上三点的认识，对于二倍工资的一般仲裁时效制度适用规则应该做如下解释。首先，因违法不签订书面劳动合同产生的二倍工资应该作为整体来计算，将劳动者主张权利之日或者劳动关系终止之日作为起算点，时效向前计算一年。这样的选择有三个合理之处，一是既可以将法律规定的11个月的未签订书面劳动合同的二倍工资计算在内，也可以将视为订立无固定劳动合同但仍未订立书面合同的二倍工资计算在内。二是肯定了作为继续违法行为产生的继续性债权是无上限的，只要违法行为继续，债权就随之继续，因此从实体上来看如果用人单位不提起时效抗辩，劳动者能够获得的二倍工资是可以超过时效保护的12个月。而浙江省等地直接将二倍工资的最长支付周期限制在11个月内的做法在本质上直接限制了实体债权的继续性，使用人单位即使不提出时效抗辩，劳动者能够获得的二倍工资最高也只能是11个月。三是通过一年时效向前计算，将二倍工资的实际计算周期限制在12个月内，既平衡了劳动者与用人单位的利益，又不至于鼓励劳动者为了获得无限增加的二倍工资而无限延长时效起算，确保了时效制度功能的有效实现。

其次，对于因不订立无固定期限劳动合同产生的二倍工资，同样为继续债权整体计算，将二倍工资的计算周期定为自应订立无固定期限劳动合同之日起算，截止点为双方实际订立无固定期限劳动合同的前一日，同样采取从劳动者主张权利之日或劳动关系终止之日作为起算点向前计算一年。这样不仅统一了二倍工资的继续性债权之性质，而且使未签无固定期劳动合同时间与因此产生的双倍工资时间相同，而不受二倍工资12个月的支付上限限制，与视为订立无固定期限劳动合同而未签订书面劳动合同的二倍工资规则一致，同时在起算点的选取上也能够与违法不签订书面劳动合同产生的二倍工资一致，从整体上实现时效制度在二倍工资争议适用的逻辑自洽。

第四节　未休年休假工资的劳动仲裁时效适用

作为联合国的基本法之一的《世界人权宣言》言明"人人有享受休息和闲暇的权利，包括工作时间有合理限制和定期给薪休假的权利"，保障劳动者的休息权是劳动者的一项基本权利。劳动关系文明的重要体现就在于劳动法并非将劳动者单纯视作劳动力商品的承载，而是强调要将其作为弱势的人予以特殊保护。2008年，我国实施的《职工带薪年休假条例》是国家通过立法方式承担保护劳动者带薪休假权责任的重要体现。对在机关、团体、企业、事业单位、民办非企业单位、有雇工的个体工商户等单位的职工连续工作1年以上的，享受带薪年休假。作为使用劳动力的用人单位则应该通过履行相关义务保证职工享受年休假。这些义务就包括要为职工在年休假期间提供与正常工作期间相同的工资收入；根据生产、工作的具体情况，并考虑职工本人意愿，统筹安排职工年休假；对职工应休未休的年休假天数，单位应当按照该职工日工资收入的300%支付年休假工资报酬；等等。

一、未休年休假工资仲裁时效适用的司法争议

实务中围绕着因支付未休年休假工资报酬而发生劳动争议是否适用特殊仲裁时效制度有着不同的意见。从字面上来看，带薪年休假工资属于劳动报酬的范畴，因此应该适用特殊仲裁时效制度，相关争议应该从劳动关系终止

日起算。比如，最高人民法院曾在再审裁定中认定，"用人单位安排劳动者在公休日、节假日、年休假期间工作的，应当根据国家标准支付高于劳动者正常工作时间工资的工资报酬"，应该适用特殊仲裁时效，在"终止劳动关系之日起一年内主张权利"[1]。然而在地方司法实务中，部分地区对带薪年休假的劳动报酬属性不予认可，出现了不同的裁审做法。

对于否定未休年休假工资的法律属性及特殊时效制度适用的原因，各地司法意见呈现出以下几种表述类型。以江西省和北京市为代表的省市认为用人单位支付的未休年休假工资的200%的部分属于法定补偿。其将未休年休假工资拆分为两个部分，其中"带薪"所指代的100%部分的工资认为属于劳动报酬，适用特殊仲裁时效；而未休年休假要多支付的200%部分，则属于法定补偿。比如，江西省直接以"劳动者主张未休年休假补偿工资"来指称此部分工资，认为应该适用一般仲裁时效。由此该部分时效的起算点分成三类规定，对不允许跨年度安排休假的，从次年1月1日起算一年；对于允许跨年度安排休假的，请求权顺延至下一年度1月1日；对劳动关系解除或终止的，从劳动关系解除或终止之日起计算。[2]北京市将法律规定的200%部分的未休年休假工资认定为福利，因此劳动者要求用人单位支付此部分法定工资是对未享受福利的法定补偿，适用一般仲裁时效。考虑到年休假可以集中、分段和跨年安排的特点，起算点从第二年的12月31日起算。[3]持有类似观点的还有天津市、陕西省等高级人民法院。如天津市高级人民法院在裁判文书中将未休年假工资认定为"对劳动者未休年假的一种补偿性福利待遇"[4]；陕西省高级人民法院在裁判文书中认为属于"对劳动者应享受法定福利假日的补偿"[5]。

---

[1] 参见最高人民法院（2019）最高法民申6216号裁定书。

[2] 参见江西省高级人民法院、江西省人力资源和社会保障厅《关于办理劳动争议案件若干问题的解答（试行）》第二十五条劳动者主张未休年休假补偿工资的仲裁时效及起算点应如何确立。

[3] 参见北京市高级人民法院、北京市劳动人事争议仲裁委员《审理劳动争议案件法律适用问题的解释》：19.劳动者要求用人单位支付未休带薪年休假工资的，如何处理？对劳动者应休未休的年休假天数，单位应当按照该职工日工资收入的300%支付年休假工资报酬。劳动者要求用人单位支付其未休带薪年休假工资中法定补偿（200%福利部分）诉请的仲裁时效期间应适用劳动争议调解仲裁法第二十七条第一款规定，即劳动争议申请仲裁的时效期间为一年。

[4] 参见天津市高级人民法院（2020）津民申1093号裁定书。

[5] 参见陕西省高级人民法院（2019）陕民申2343号裁定书。

浙江省认为未休年假的工资报酬是法定赔偿金，其认为用人单位未安排劳动者年休假，侵害了劳动者的休假权利，因此支付未休年休假工资报酬是因用人单位未安排年休假而应当承担的法律义务，故适用一般的时效规定。时效的具体适用规定与江西省的规定一致。① 四川省用"折算工资"指称未休年休假工资，没有具体明确其不属于劳动报酬的范畴，却规定适用一般仲裁时效，具体分类起算方式与江西省和浙江省一致。②

二、未休年休假工资非劳动报酬观点的批判

认为用人单位支付的未休年休假工资200%的部分属于法定补偿的观点与法律规定不符。首先，将200%的部分看作福利的观点存在理解错误。有观点认为《职工带薪年休假条例》是于全国法定节假日的系统调整的背景下立法的，是为了解决"黄金周"制度实施以来出现的缺乏传统文化特色、集中放假、休假制度不落实等问题，主要目的在于拉动消费、促进经济发展，因此将年休假视为一种福利制度。③ 无论立法的背景和目的如何，其与因此设立的权利的法律性质是不具有直接关联性的，法律可以通过不同类型权利的设置去实现同一个立法目的，立法目的不能决定权利的属性。而且即便将年休假视为一种福利制度，这种福利的性质应该遍及全部300%的未休年休假工资，如果按照以上思路进行区别对待，则其中带薪休假的100%的部分比未休年假而加倍获得的200%部分更具福利性质才对，可见此种认识并不具有说服力。比如，山东省高级人民法院就对此种观点在判决中提出："未休年休假工资虽带有福利性质，但亦属工资范畴，……主张不受仲裁时效限制。"④ 将未休年休

---

① 参见浙江省高级人民法院、浙江省劳动人事争议仲裁院《关于审理劳动争议案件若干问题的解答（二）》：19. 劳动者与用人单位就未休年休假的工资报酬发生争议的，申请仲裁的时效期间及起算点应如何确定？

② 参见四川省高级人民法院《关于审理劳动争议案件若干疑难问题的解答》：37. 劳动者要求用人单位支付未休年休假折算工资的仲裁时效适用一年的时效规定，从次年的1月1日起计算。经劳动者同意跨年度安排年休假的，顺延至下一年度的1月1日起计算；劳动关系解除或者终止的，该年度的未休年休假折算工资仲裁时效从解除或者终止之日起计算。

③ 曹克奇. 年休假权的解释论：以2008—2016年再审裁判文书为中心［J］. 中国人力资源开发，2016（14）：84。

④ 参见山东省高级人民法院（2018）鲁民申936号裁定书。

假工资视为法定补偿的观点并不合理。补偿的前提是用人单位没有违反法定义务，给付的基础源自对劳动者的照拂和扶助。然而未休年休假工资支付的基础在于国家赋予了劳动者休息权，用人单位因自身工作需要剥夺了劳动者休息权。这种剥夺有两个层次，一个是法律设定规则下的剥夺，即劳动者同意和支付合理对价的情况下被允许；第二个层次是违反法律规则的剥夺，即在违反劳动者意志和不支付合理对价的情况下，将不被允许。与加班工资一样，都呈现出法律对劳动者休息权进行保护的正常逻辑规则。因此未休年假工资与补偿金存在着本质上的差别。

在此基础上进一步分析，浙江省认为未休年休假的工资报酬属于法定赔偿金的观点也不对。因为要平衡用人单位用工需求和劳动者的休息权之间的矛盾，法律并非绝对不允许用人单位剥夺劳动者休息权，在满足法律设定条件的情况下，用人单位的剥夺行为是合法的，当然也就不需要支付赔偿金。此外，我们还可以看到《职工带薪年休假条例》第七条已经对不支付年休假工资的法定赔偿金做出了明确规定。法定赔偿金的产生条件是单位不安排职工休年休假又不依照条例规定给予年休假工资报酬的，经由有权部门责令限期改正仍逾期不改正的，"责令该单位支付年休假工资报酬外，单位还应当按照年休假工资报酬的数额向职工加付赔偿金"。因此年休假工资报酬是劳动者应得的劳动报酬，用人单位在上述违法的情况下加付的才是赔偿金。

而四川省的做法则更不合理，其本身就没有说明未休年休假工资不适用特殊仲裁时效的原因，这也导致高级人民法院的解释给下层法院在适用时造成了困扰，采取了各异的做法。有的法院在判决时不释法，直接判决适用一般仲裁时效。[①] 有的则采用补偿说否定特殊仲裁时效的适用，"未休年休假系对劳动者的补偿，属于福利待遇，并非属于劳动报酬的一种，故不应适用劳动报酬的特殊时效，而应适用一年的仲裁时效"[②]。而有的甚至混合使用赔偿说和补偿说，"未休带薪年休假工资的实质是用人单位对未依法安排劳动者享受带薪年休假行为所付出的惩罚性赔偿，对于劳动者来说则是未享受到带薪年

---

① 参见宜宾市中级人民法院（2020）川15民终1505号判决书；成都市中级人民法院（2020）川01民终1630号判决书。

② 参见自贡市中级人民法院（2020）川03民终461号判决书。

休假的一种补偿，其不属于正常的劳动报酬范畴，主张带薪年休假工资应当适用仲裁时效一年的规定"[①]。这种混乱本身就说明了四川高级人民法院的司法意见存在着问题，而其用"折算工资"指称未休年休假工资，实际上却正好表达了将未休年休假工资视为用人单位在劳动者本应休假期间购买其劳动应该以折算的方式支付对价，契合了劳动报酬的概念却适用一般仲裁时效当然是不合理的。

三、未休年休假工资劳动报酬属性的确定及时效适用

不仅各地方司法实践中认为未休年休假工资不属于劳动报酬的观点不具说服力，依据我国劳动法工资的支付逻辑也可以进一步确定其属于劳动报酬属性。从社会法思维去考量，即便劳动者享受了年休假，根据《工资支付暂行规定》《职工带薪年休假条例》等劳动法规范，用人单位也需要支付劳动报酬，体现了法律基于伦理要求用人单位承担对劳动者保护照顾义务的精神，年休假工资的劳动报酬属性毋庸置疑。而从契约思维下的"有劳动必支付"的逻辑来看，当劳动者未休年休假而为用人单位提供劳动，用人单位更加需要为此支付相应的对价。这种劳动本身不属于劳动合同约定范围内的额定劳动，对于劳动者来说在此期间提供的劳动是以牺牲自身休息权为代价的，因此用人单位购买的不仅是劳动者的劳动，还包括劳动者的休息时间，因此其付出的对价当然要比额定劳动的对价高昂，这不仅符合因市场稀缺产生的高价值规律，也符合一个简短的数学逻辑，即不休假工作得到的工资当然要比休假得到的工资高。

基于以上分析可得，未休年休假工资在债的属性上应属于不可分之债，劳动者休假所享有的100%的工资是"视为劳动"获得的对价；而300%的工资对应的是劳动者未休年休假"付出劳动"的对价。在实务中，劳动者通常主张用人单位支付200%部分的未休年假工资，是因为用人单位往往已经通过月工资的形式支付了100%部分的工资，而剩余200%的部分属于用人单位应该支付而未支付的"拖欠"的劳动报酬，即未休年休假工资支付的割裂是由用人单位违法不完全给付劳动报酬的拖欠所造成的。该请求权属于同一劳动

---

① 参见巴中市中级人民法院（2020）川19民终720号判决书。

报酬的请求权，不能因为用人单位的拖欠将其割裂为两个部分而适用不同的时效制度。从实践上来看这种做法不仅导致时效制度适用的不同，而且适用规则也更加复杂，给劳动者维权和认可造成了困扰，也导致了许多再审审查和审判监督案件的发生。综上，未休年休假工资属于劳动者应得的劳动报酬，应该适用特殊仲裁时效制度。

第五节　加班工资的劳动仲裁时效适用

《工资支付暂行规定》对劳动者加班工资的支付标准进行了明确规定①，从制度上肯定了加班工资劳动报酬的法律性质，因此实务中就此问题并无争议。加班工资请求权适用特殊仲裁时效制度，劳动关系存续期间不计算时效，劳动关系终止的应当自劳动关系终止之日起一年内提出。依此规定劳动者对加班工资的请求权因劳动关系的存续不受时效抗辩。然而根据《最高人民法院关于审理劳动争议案件适用法律若干问题的解释（三）》第九条规定："劳动者主张加班费的，应当就加班事实的存在承担举证责任。但劳动者有证据证明用人单位掌握加班事实存在的证据，用人单位不提供的，由用人单位承担不利后果。"可以看出加班事实的举证责任的一般规则是"谁主张，谁举证"，但是在"劳动者有证据证明用人单位掌握加班事实存在的证据"的情况下，举证责任倒置由用人单位承担。而按照《工资支付暂行规定》和《保障农民工工资支付条例》规定：用人单位对加班事实相关证据分别承担至少两年和三年的保存义务。②在此期间内用人单位应该承担举证责任，但超出此期间的

---

① 具体见《工资支付暂行规定》第十三条规定。

② 《工资支付暂行规定》第六条第三款的规定："用人单位必须书面记录支付劳动者工资的数额、时间、领取者的姓名以及签字，并保存两年以上备查。"《保障农民工工资支付条例》第十五条更进一步规定："用人单位应当按照工资支付周期编制书面工资支付台账，并至少保存3年。书面工资支付台账应当包括用人单位名称，支付周期，支付日期，支付对象姓名、身份证号码、联系方式，工作时间，应发工资项目及数额，代扣、代缴、扣除项目和数额，实发工资数额，银行代发工资凭证或者农民工签字等内容。"

加班工资的举证责任应如何承担，司法机关的处理方式存在着差异，并进一步影响了劳动仲裁时效制度的适用。

浙江省针对加班工资的时效适用先后出台了两个规定，2009年浙江省高级人民法院《关于审理劳动争议案件若干问题的意见》第十三条规定："劳动者与用人单位之间因加班工资发生争议的，其申请仲裁的时效期间为二年，从当事人知道或者应当知道其权利被侵害之日起计算；但劳动关系终止的，其申请仲裁的时效期间为一年，从劳动关系终止之日起计算。"这一规定对劳动关系存续期间的加班工资请求权进行了限缩，实际上只保护两年的加班工资，但对于劳动关系终止的加班工资没有限缩。2019年，浙江省高级人民法院、浙江省劳动人事争议仲裁院《关于审理劳动争议案件若干问题的解答（五）》第十四条规定："加班工资的最长保护期间仍为二年，二年的往前推算起点为：劳动关系存续期间劳动者申请仲裁要求支付加班工资的，以劳动者提起仲裁时间为推算起点；劳动关系解除或终止的，劳动者应当在一年内提出，加班工资以解除或终止时间往前推算二年。"此规定在2009年的规定上进一步对劳动关系解除或终止的加班工资进行了限缩，同样只保护两年。

广东省高级人民法院、广东省劳动争议仲裁委员会《关于适用〈劳动争议调解仲裁法〉〈劳动合同法〉若干问题的指导意见》第二十九条规定："劳动者主张加班工资，用人单位否认有加班的，用人单位应对劳动者未加班的事实负举证责任。用人单位以已经劳动者确认的电子考勤记录证明劳动者未加班的，对用人单位的电子考勤记录应予采信。劳动者追索两年前的加班工资，原则上由劳动者负举证责任，如超过两年部分的加班工资数额确实无法查证的，对超过两年部分的加班工资一般不予保护。"按照加班工资原本的举证责任的分配，在举证责任倒置的情况下，用人单位需要提供能够证明劳动者是否存在加班事实的证据，该证据可能证明劳动者加班也可能证明其没有加班。从证据规则上来看，用人单位如果提出了针对劳动者请求权的抗辩，才需要承担抗辩的举证责任，对于否认无须承担举证。而广东省则要求用人单位对于自己否定劳动者加班的事实进行举证，这一做法打破了"否定者不承担举证责任"的原则，在诉讼程序上的正当性不足。

《北京市工资支付规定》中要求用人单位应当按照工资支付周期编制工资

支付记录表并至少保存二年备查[①]，依此，北京市法院在实务中对劳动者追索加班工资，要求由用人单位承担在2年保存期间内举证责任，超出这一期间的则适用"谁主张，谁举证"的举证责任分配规则，原则上由劳动者负举证责任。

综合地方的司法实践，北京市的做法更加合理。其既不像浙江省不考虑举证的可能性直接将加班工资请求权时效限缩在两年之内，也不像广东省为了体现对劳动者的倾斜保护而突破"否定者不承担举证责任"的规则，同时也能保障用人单位承担2年内的证明责任。国务院在2019年颁布《保障农民工工资支付条例》中，将用人单位就农民工书面工资支付台账的保存年限提高到3年，加大了用人单位证据保存的义务，体现了对弱者中的弱者更加倾斜的保护。这也进一步说明在目前的制度体系下，加班工资虽然适用特殊仲裁时效制度，但该制度功能实现的关键仍然取决于证据规则的设定。这也回应了本书在时效制度正当性逻辑展开一章中，因科技的发展带来劳动仲裁时效效率价值的减缩中的论证。因科技发展使用人单位保存相关证据的能力在不断提高，劳动者举证能力以及平台经济等新型用工方式的不断出现，都决定了今后劳动争议相关证据的保存、获取更加电子化和现代化，因此相关证据规则的改革可能才是加班工资适用劳动仲裁时效制度的障碍突破口。

---

① 《北京市工资支付规定》第十三条规定：用人单位应当按照工资支付周期编制工资支付记录表，并至少保存二年备查。工资支付记录表应当主要包括用人单位名称、劳动者姓名、支付时间以及支付项目和金额、加班工资金额、应发金额、扣除项目和金额、实发金额等事项。劳动者有权查询本人的工资支付记录。

结　论

劳动仲裁时效应该以"系统演进"的立法思维替代"应对式"立法思维，在尊重时效原理和劳动法价值的基础上构建系统化的时效制度。在现行的劳动争议解决制度下，通过体系逻辑顺畅化的努力达到名实相符的目标，需要将视角回归于"仲裁"、核心围绕于"准司法性"、机制诉之于"专有"，最后达到将劳动仲裁时效以消灭时效之名规定于实体法中的名实相符的目标。在此基础上，以生存尊严是劳动仲裁时效制度的理念基石，和谐劳动关系是劳动仲裁时效制度的基本支撑，实质平等是劳动仲裁时效制度的价值追求为基础，引入劳动者仲裁可行能力来实现劳动仲裁时效制度从"平等的自由"到"自由的平等"的法理转向，并以此作为立法论和解释论的正当性评判。

从立法论的角度来看，请求权是劳动仲裁时效的适用对象；劳动仲裁时效期间制度应该进行分类规定，对劳动者适用2年的仲裁时效期间，对用人单位适用1年的仲裁时效期间。劳动仲裁时效起算应该延续主客观混合起算模式，将对义务人的知悉涵盖在劳动仲裁时效的主观起算标准，客观起算标准的请求权范围应该纳入劳动基准和社会保险损害赔偿请求权，增补一般劳动仲裁时效的最长时效期间制度，时效起算点的计算按照年度为单位，以知晓权利被侵害以及义务人的年末计算。从解释论的角度来看，对于特殊仲裁时效制度的适用需要明确劳动报酬是工资的上位概念，劳动报酬是劳动者所享有的劳动权利，而工资则是劳动报酬最主要和最重要的表现形式。以契约思维下的"有劳动必支付"和社会法思维下的"没有劳动有时也需支付"的双重逻辑作为评判某项工资是否属于劳动报酬的支付逻辑标准。二倍工资在性质上不属于劳动报酬，两种情形下的二倍工资都应该作为整体债权计算。对因违法不签订书面劳动合同的二倍工资，将劳动者主张权利之日或者劳动关系终止之日作为起算点较为合理，时效向前计算一年。对于因违法不订立无固定期限劳动合同的二倍工资，计算周期定为自应订立无固定期限劳动合同之日起算，截止点为双方实际订立无固定期限劳动合同的前一日，与视为订立无固定期限劳动合同而未签订书面劳动合同的二倍工资规则一致，未订立书面劳动合同同样采取从劳动者主张权利之日或劳动关系终止之日向前计算一年，以实现时效制度在二倍工资争议适用的逻辑自洽。未休年休假工资应该作为不可分之债的劳动报酬适用特殊仲裁时效制度。加班工资适用特殊仲裁时效制度时，用人单位承担在2年或3年保存期间内的举证责任，超出这一期间的则应适用"谁主张，谁举证"的举证责任分配规则，原则上由劳动者负举证责任。

参考文献

（一）著作类

［1］卡尔·伦纳.私法的制度及其社会功能［M］.王家国，译.北京：法律出版社，2013.

［2］尤根·埃利希.法律社会学基本原理［M］.叶名怡，袁震，译.北京：中国社会科学出版社，2009.

［3］卡尔·拉伦茨.德国民法通论：上册［M］.王晓晔，邵建东，程建英，等译.北京：法律出版社，2013.

［4］卡尔·拉伦茨.法学方法论［M］.陈爱娥，译.北京：商务印书馆，2003.

［5］迪特尔·梅迪库斯.德国民法总论［M］.邵建东，译.北京：法律出版社，2000.

［6］拉德布鲁赫.法学导论［M］.米健，译.北京：商务印书馆，2013.

［7］莱因哈德·齐默曼.德国新债法：历史与比较的视角［M］.韩光明，译.北京：法律出版社，2012.

［8］马克思.1844年经济学哲学手稿［M］.中共中央马克思恩格斯列宁斯大林著作编辑局，译.北京：人民出版社，2014.

［9］马克思·韦伯.经济与社会：第一卷［M］.阎克文，译.上海：上海人民出版社，2010.

［10］英格博格·普珀.法学思维小学堂：法律人的6堂思维训练课［M］.蔡圣伟，译.北京：北京大学出版社，2011.

［11］本杰明·卡多佐.司法过程的性质［M］.苏力，译.北京：商务印书馆，1997.

［12］富勒.法律的道德性［M］.郑戈，译.北京：商务印书馆，2005.

［13］伯尔曼.法律与宗教［M］.梁治平，译.北京：生活·读书·新知三联书店，1991.

［14］黄宗智，尤陈俊.历史社会法学：中国的实践法史与法理［M］.北京：法律出版社，2014.

［15］罗斯科·庞德.通过法律的社会控制［M］.沈宗灵，译.北京：商务印书馆，2010.

［16］玛丽·E.加拉格尔.全球化与中国劳工政治［M］.郁建兴，肖扬东，译.杭州：浙江人民出版社，2010.

［17］棚濑孝雄.纠纷的解决与审判制度［M］.王亚新，译.北京：中国政法大学出版社，1994.

［18］我妻荣.我妻荣民法讲义 I 新订民法总则［M］.于敏，译.北京：中国法制出版社，2008.

［19］阿马蒂亚·森.以自由看待发展［M］.任赜，于真，译.北京：中国人民大学出版社，2002.

［20］H.L.A.哈特.法律的概念［M］.许家馨，李冠宜，译.北京：法律出版社，2006.

［21］梅因.古代法［M］.沈景一，译.北京：商务印书馆，1959.

［22］西蒙·罗伯茨，彭文浩.纠纷解决的过程：ADR与形成决定的主要形式［M］.2版.刘哲玮，李佳佳，于春露，译.北京：北京大学出版社，2011.

［23］曾世雄.民法总则之现在与未来［M］.北京：中国政法大学出版社，2001.

［24］常凯.劳动合同立法理论难点解析［M］.北京：中国劳动社会保障出版社，2008.

［25］常凯.劳权保障与劳资双赢:《劳动合同法》论［M］.北京：中国劳动社会保障出版社，2009.

［26］陈甦.社会法学的新发展［M］.北京：中国社会科学出版社，2009.

［27］陈卫佐.德国民法典［M］.4版.北京：法律出版社，2014.

［28］杜景林，卢谌．德国民法典评注：总则·债法·物权［M］．北京：法律出版社，2011．

［29］高全喜．思想的界碑：西方政治思想史讲稿［M］．杭州：浙江大学出版社，2012．

［30］胡长清．中国民法总论［M］．北京：中国政法大学出版社，1997．

［31］黄越钦．劳动法新论［M］．北京：中国政法大学出版社，2003．

［32］陆学艺．当代中国社会阶层研究报告［M］．北京：社会科学文献出版社，2002．

［33］李援．《中华人民共和国劳动争议调解仲裁法》条文释义与案例精解［M］．北京：中国民主法制出版社，2012．

［34］舒国滢．法哲学：立场与方法［M］．北京：北京大学出版社，2010．

［35］王泽鉴．民法概要［M］．北京：中国政法大学出版社，2003．

［36］王泽鉴．民法总则［M］．北京：北京大学出版社，2009．

［37］王泽鉴．债法原理：［M］．2版．北京：北京大学出版社，2013．

［38］吴晓波．历代经济变革得失［M］．杭州：浙江大学出版社，2013．

［39］杨巍．民法时效制度的理论反思与案例研究［M］．北京：北京大学出版社，2015．

［40］张维迎．市场的逻辑：增订版［M］．上海：上海人民出版社，2012．

［41］郑玉波．民法总则［M］．北京：中国政法大学出版社，2003．

［42］中共中央马克思恩格斯列宁斯大林著作编译局．马克思恩格斯全集：第1卷［M］．北京：人民出版社，1995．

（二）期刊论文类

［1］蔡茂寅．社会法之概念、体系与范畴：以日本法为例之比较观察［J］．政大法学评论，1997（58）．

［2］曹克奇．年休假权的解释论：以2008—2016年再审裁判文书为中心［J］．中国人力资源开发，2016（14）．

［3］曹志勋.起诉中断诉讼时效规则的理论展开［J］.当代法学,2014,28（6）.

［4］陈明国.论诉讼时效价值［J］.西南民族大学学报（人文社科版）,2008（10）.

［5］陈瑞华.程序价值理论的四个模式［J］.中外法学,1996（2）.

［6］陈永福.以可行能力看待劳权:劳动法治的现实进路［J］.中国劳动,2016（18）.

［7］程延园,王甫希.变革中的劳动关系研究:中国劳动争议的特点与趋向［J］.经济理论与经济管理,2012（8）.

［8］仇立平.回到马克思:对中国社会分层研究的反思［J］.社会,2006（4）.

［9］丁寰翔.劳动争议处理程序存在的问题及解决［J］.学术界,2010（4）.

［10］董文军.劳动合同法中的意思自治与国家强制:源自劳动合同书面形式强化的思考［J］.社会科学战线,2016（9）.

［11］杜睿哲.论当事人的诉讼进行能力与实质的当事人平等原则［J］.兰州大学学报（社会科学版）,2007（2）.

［12］范雪飞.论不适用诉讼时效的请求权:以请求权的名实区分为中心［J］.学海,2019（2）.

［13］房绍坤.论诉讼时效期间的起算［J］.法学论坛,2017,32（4）.

［14］房绍坤.诉讼时效停止制度的立法选择［J］.广东社会科学,2016（1）.

［15］冯彦君,董文军.中国应确立相对独立的劳动诉讼制度:以实现劳动司法的公正和效率为目标［J］.吉林大学社会科学学报,2007（5）.

［16］冯彦君,王天玉,孙冰心.社会公正和谐的六十年求索:中国劳动和社会保障法的发展轨迹［J］.社会科学战线,2009（11）.

［17］冯彦君,郑修竹.养老金强制执行的正当性及其限度［J］.吉林大学社会科学学报,2020,60（4）.

［18］冯彦君."和谐劳动"的观念塑造与机制调适［J］.社会科学战线,

2015（7）.

[19]冯彦君.关于"法律信仰"的遐思与追问[J].东北师大学报（哲学社会科学版），2015（5）.

[20]高圣平.诉讼时效立法中的几个问题[J].法学论坛,2015,30（2）.

[21]耿林.论除斥期间[J].中外法学,2016,28（3）.

[22]关怀.改革开放三十年劳动立法的回顾与展望[J].法学杂志,2009,30（2）.

[23]关怀.适应市场经济要求，进一步完善劳动法制：纪念《劳动法》颁布10周年[J].法学杂志,2004（6）.

[24]郭明瑞.关于民法总则中时效制度立法的思考[J].法学论坛,2017,32（1）.

[25]郭明瑞.诉讼时效的效力问题[J].法学,2008（9）.

[26]何海波.司法判决中的正当程序原则[J].法学研究,2009,31（1）.

[27]贺运生,李国海.论反垄断法中的准司法机关[J].求索,2006（9）.

[28]胡安琪.诉讼时效的自治进路及规范配置：基于利益衡量[J].学术交流,2018（1）.

[29]黄茂荣.论民法中的法理[J].北方法学,2018,12（3）.

[30]黄文艺.作为一种法律干预模式的家长主义[J].法学研究,2010,32（5）.

[31]霍海红.论我国诉讼时效效力的私人自治转向：实体与程序双重视角的观察[J].现代法学,2008（1）.

[32]霍海红.诉讼时效延长规则之反省[J].法律科学（西北政法大学学报）,2012,30（3）.

[33]贾迪,赵磊.带薪年休假工资报酬性质研究[J].中国人力资源开发,2017（1）.

[34]金可可.论温德沙伊德的请求权概念[J].比较法研究,2005（3）.

[35]金印.诉讼时效强制性之反思：兼论时效利益自由处分的边界[J].法学,2016（7）.

[36]劳东燕.自由的危机：德国"法治国"的内在机理与运作逻辑——

兼论与普通法法治的差异［J］. 北大法律评论，2005（1）.

［37］劳动争议案件一裁终局制度实施效果评估课题组，曹可安，孙瑜香.
劳动争议案件一裁终局制度实施效果评估［J］. 中国劳动，2014（5）.

［38］李宝元，董青，仇勇，等. 百年中国劳动关系演化的基本路径及走
势［J］. 经济理论与经济管理，2015（6）.

［39］李强. 当前我国社会分层结构变化的新趋势［J］. 江苏社会科学，
2004（6）.

［40］李强. 改革开放30年来中国社会分层结构的变迁［J］. 北京社会科
学，2008（5）.

［41］李适时. 民法总则是确立并完善民事基本制度的基本法律［J］. 中
国人大，2017（7）.

［42］李永锋. 英国诉讼时效延长制度具体改革：兼论对我国民法典的启
示［J］. 法学，2006（12）.

［43］李哲罕，张国清. 弗里茨·诺依曼和德国民主法治国的构想［J］.
浙江大学学报（人文社会科学版），2017，47（6）.

［44］李哲罕. 社会国还是社会法治国？——以当代德国法治国理论为论
域［J］. 浙江学刊，2020（3）.

［45］连光阳，陈灿祁. 我国诉讼时效制度伦理正当性之思考：基于文化
解释的视角［J］. 社会科学家，2014（9）.

［46］连光阳. 诉讼时效抑或消灭时效：时效概念的名实之辨［J］. 学术
论坛，2015，38（7）.

［47］梁慧星. 民法总则立法的若干理论问题［J］. 暨南学报（哲学社会
科学版），2016，38（1）.

［48］刘刚. 德国"法治国"的历史由来［J］. 交大法学，2014（4）.

［49］刘俊. 诉讼时效制度的二元价值：兼评我国诉讼时效制度的缺失［J］.
河北法学，2007（10）.

［50］刘焱白. 从实体到程序：劳动者实体权利的程序救济［J］. 社会科
学家，2011（7）.

［51］刘哲玮. 确认之诉的限缩及其路径［J］. 法学研究，2018，40（1）.

［52］柳经纬.关于时效制度的若干理论问题［J］.比较法研究,2004（5）.

［53］麻锐.我国民法典时效制度体例结构的安排［J］.社会科学战线,2016（12）.

［54］毛勒堂.劳动正义:发展和谐劳动关系的伦理诉求［J］.毛泽东邓小平理论研究,2007（5）.

［55］沈建峰,姜颖.劳动争议仲裁的存在基础、定性与裁审关系［J］.法学,2019（4）.

［56］沈建峰.劳动法作为特别私法《民法典》制定背景下的劳动法定位［J］.中外法学,2017,29（6）.

［57］沈建峰.劳动争议中利益争议的范畴及处理［J］.法学,2015（6）.

［58］沈开举.委任司法初探:从行政机关解决纠纷行为的性质谈起［J］.郑州大学学报（哲学社会科学版）,2007（1）.

［59］孙鹏.去除时效制度的反道德性:时效制度存在理由论［J］.现代法学,2010,32（5）.

［60］孙笑侠,郭春镇.美国的法律家长主义理论与实践［J］.法律科学.西北政法学院学报,2005（6）.

［61］索晓惠.浅谈劳动争议的仲裁时效［J］.法学评论,2000（4）.

［62］唐文胜.带薪年休假工资报酬的法律适用［J］.中国劳动,2012（11）.

［63］汪进元,高新平.财产权的构成、限制及其合宪性［J］.上海财经大学学报,2011,13（5）.

［64］王斐民,李慈强.劳动争议"裁审机制"的问题检讨与协调之道:兼评《关于审理劳动争议案件适用法律若干问题的解释（四）》［J］.政治与法律,2013（4）.

［65］王伦刚,纪麟芮.准司法和泛行政:劳动人事争议仲裁院性质实证考察［J］.中国法律评论,2019（6）.

［66］王全兴,粟瑜.用人单位违法不订立书面劳动合同的"二倍工资"条款分析［J］.法学,2012（2）.

［67］王一.我国"能动司法"的含义与限定:与"司法能动主义"的比

较辨析［J］. 当代法学，2012，26（3）.

［68］王泽鉴. 劳工法之社会功能及劳工法学之基本任务：为建立中国劳工法学而努力［J］. 台大法律论丛，1977（2）.

［69］吴文芳. 劳动争议仲裁时效与民事诉讼时效冲突探析［J］. 华东政法大学学报，2013（6）.

［70］肖巍，钱箭星. "体面劳动"及其实现进路［J］. 复旦学报（社会科学版），2010（6）.

［71］谢增毅. 我国劳动争议处理的理念、制度与挑战［J］. 法学研究，2008，30（5）.

［72］杨莉. 如何平衡效率与合法性？——改革开放40年来中国政府调整劳动关系的研究述评［J］. 公共行政评论，2018，11（2）.

［73］袁祖社. 实践理性视域内"资本逻辑"和"劳动幸福"的关系辩证：基于阿玛蒂亚·森"自由与可行能力"的理论［J］. 上海师范大学学报（哲学社会科学版），2020，49（3）.

［74］岳经纶. 在维权与维稳之间：中国劳动关系的困境与出路［J］. 探索与争鸣，2013（9）.

［75］张冬梅. 劳动争议仲裁时效制度的突破及其局限［J］. 中国劳动关系学院学报，2009，23（2）.

［76］张翔. 基本权利的受益权功能与国家的给付义务：从基本权利分析框架的革新开始［J］. 中国法学，2006（1）.

［77］张志铭，李若兰. 迈向社会法治国：德国学说及启示［J］. 国家检察官学院学报，2015，23（1）.

［78］张志铭. 中国司法的功能形态：能动司法还是积极司法？［J］. 中国人民大学学报，2009，23（6）.

［79］章群，牛忠江. 劳动争议仲裁与司法诉讼之衔接分析：基于"公平"与"效率"价值的展开［J］. 财经科学，2008（11）.

［80］赵云伟. 深入解读"四个全面"理论内涵：以劳动正义为视角［J］. 现代经济探讨，2016（2）.

［81］郑广怀. 劳工权益与安抚型国家：以珠江三角洲农民工为例［J］.

开放时代，2010（5）.

　　［82］郑尚元.劳动争议处理程序之和谐：以"劳动仲裁时效"为例［J］.法学家，2005（5）.

　　［83］钟芳桦.社会法治国下的平等观：Hermann Heller论形式平等与实质平等之关系［J］.辅仁法学，2017（53）.

　　［84］朱军.民生法治的三维路径考量：政策、权利与社会法治国［J］.行政与法，2016（8）.

　　［85］朱晓喆.诉讼时效制度的价值基础与规范表达《民法总则》第九章评释［J］.中外法学，2017，29（3）.

　　［86］朱岩.消灭时效制度中的基本问题：比较法上的分析——兼评我国时效立法［J］.中外法学，2005（2）.

（三）学位论文类

　　［1］蔡毅芬.劳动争议仲裁制度之研究［D］.北京：中国政法大学，2006.

　　［2］邓峰.劳动债权研究［D］.长沙：湖南大学，2017.

　　［3］葛先园.社会国原则研究［D］.苏州：苏州大学，2012.

　　［4］贺利云.妇女权利平等保护的能力进路［D］.北京：中国政法大学，2009.

　　［5］胡道玖.可行能力：阿马蒂亚·森经济伦理方法研究［D］.苏州：苏州大学，2006.

　　［6］吉达珠.劳动争议处理机制实证研究［D］.重庆：西南政法大学，2006.

　　［7］蒋浩.诉讼时效制度研究［D］.重庆：西南政法大学，2010.

　　［8］李求轶.消灭时效的历史与展开［D］.上海：华东政法学院，2006.

　　［9］连光阳.诉讼时效制度的伦理危机及其消解之道［D］.长沙：湖南大学，2015.

　　［10］刘晓靖.实质自由与社会发展：阿马蒂亚·森正义思想研究［D］.长春：吉林大学，2010.

［11］刘杨.法治的哲学之维：正当性观念的转变［D］.长春：吉林大学，
2007.

［12］卢学希.民法时效制度价值与体系研究［D］.武汉：武汉大学，
2013.

［13］夏正林.社会权规范研究［D］.北京：中国人民大学，2006.

［14］熊琳.日本劳动争议解决制度及其最新发展［D］.北京：中国政法
大学，2005.

［15］于兵.私权救济的时间限度［D］.长春：吉林大学，2005.

［16］苑书涛.请求权基本理论研究［D］.重庆：西南政法大学，2005.

［17］张晓阳.民法上的时间［D］.长春：吉林大学，2008.

［18］钟淑健.民事抗辩权及其基本规则研究［D］.济南：山东大学，
2011.

（四）网络资料、电子文献

［1］何鲁丽.全国人大常委会执法检查组关于检查《中华人民共和国劳动
法》实施情况的报告：2005年12月28日在第十届全国人民代表大会常务委员
会第十九次会议上［R/OL］.中国人大网站，2005-12-29.

［2］信春鹰.关于《中华人民共和国劳动争议调解仲裁法（草案）》的说
明：2007年8月26日在第十届全国人民代表大会常务委员会第二十九次会议
上［R/OL］.中国人大网，2008-02-23.